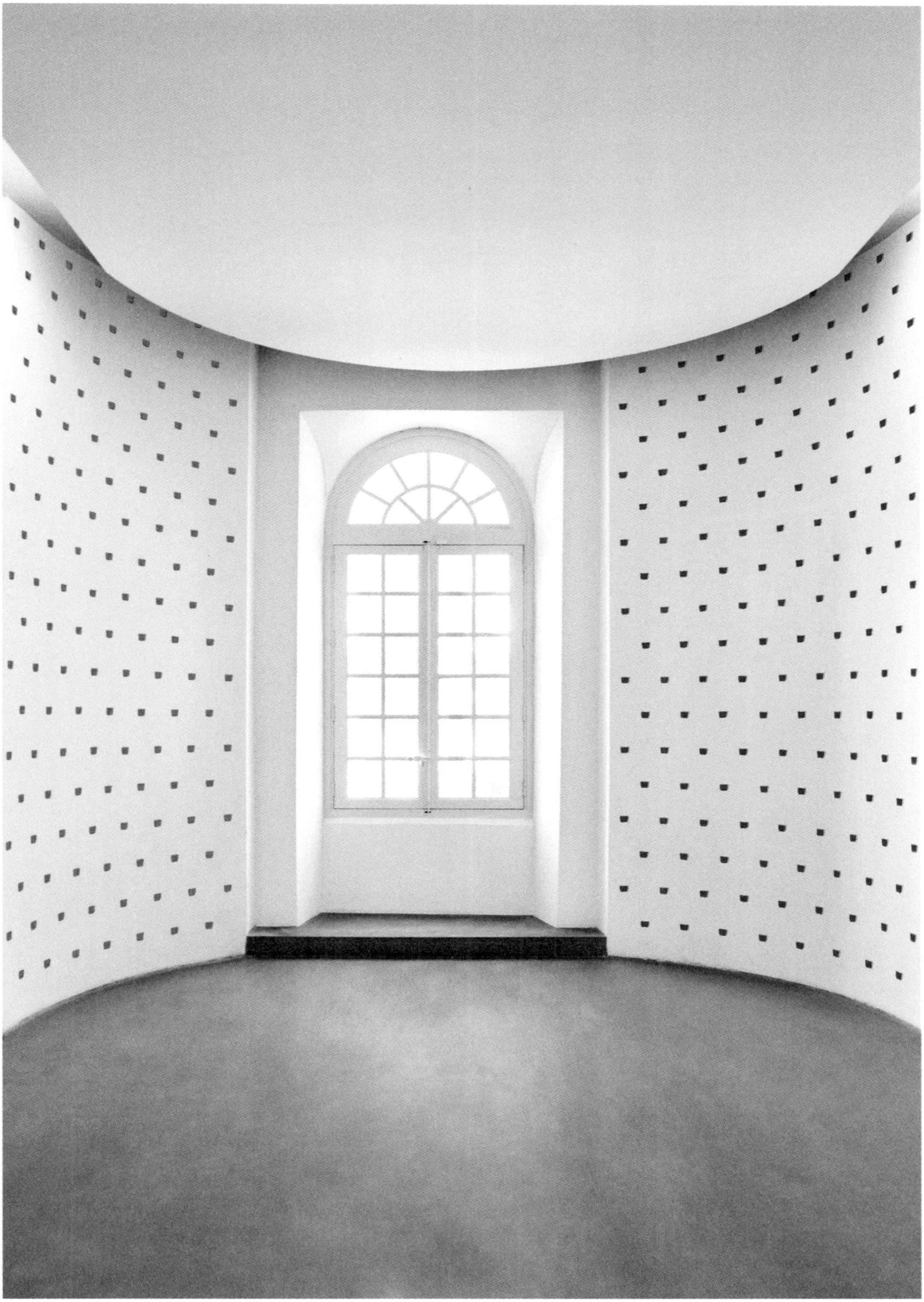

Couverture & p. 1
Empreintes de pinceau n° 50 répétées à intervalles réguliers (30 cm), 1967, acrylique sur toile (détail)

P. 3
Empreintes de pinceau n° 50 répétées à intervalles réguliers (30 cm), 2000, œuvre réalisée *in situ* dans l'hôtel de Caumont, acrylique sur mur

NIELE TORONI.

Collection Lambert musée d'art contemporain Avignon

ACTES SUD
LES CAHIERS DE LA COLLECTION LAMBERT

SOMMAIRE

UN APPRENTISSAGE DE LA VISION

Alain Lombard
Directeur de la Collection Lambert

Niele Toroni est un artiste bon vivant à la vitalité truculente, ce que ne laisseraient pas deviner nécessairement les caractéristiques de ses œuvres, rigoureusement centrées sur ses “Empreintes de pinceau n° 50 à intervalles réguliers (30 cm)”.

Mais il réfute à juste titre que la production d'un artiste puisse être jugée en fonction des anecdotes de sa biographie. Ce qui lui importe, c'est la peinture. La peinture envisagée comme un apprentissage de la vision.

Il s'en explique dans le passionnant entretien, publié dans cet ouvrage, qui l'a réuni à Yvon Lambert, auquel le lie une complicité remontant à plus de cinquante ans, et Stéphane Ibars, qui s'acquitte avec brio dans ses expositions comme dans ses textes de sa mission de directeur artistique délégué de la Collection Lambert.

Avec ce quatrième volume des *Cahiers de la Collection Lambert*, celle-ci poursuit la mise en valeur des œuvres des artistes phares de sa collection, dont elle conserve des ensembles uniques, constitués principalement de dépôts du Centre national des arts plastiques issus de la donation effectuée par Yvon Lambert à l'État français.

Laissons-nous guider par l'artiste. C'est un grand maître qui mérite pleinement de figurer parmi les premiers à qui Yvon Lambert et la Collection qu'il a fondée souhaitaient rendre hommage.

LEARNING HOW TO SEE

Alain Lombard
Director of the Collection Lambert

When one observes the characteristics of his works, rigorously centered on his "Imprints of a No. 50 paintbrush repeated at regular intervals of 30 cm," the colorful vitality of the artist and bon vivant, Niele Toroni, is not readily apparent.

But he refuses, and rightfully so, for an artist's work to be judged according to anecdotes from their biography. What matters to him is painting. Painting as a way of learning how to see.

He explains his views further in the engaging interview included in this *Cahier*, a project that reunited him and Yvon Lambert. The two have shared a complicit bond for over fifty years. They are joined by Stéphane Ibars who excels brilliantly in the preparation of his exhibitions, as well as in his writing, through his role as Deputy Artistic Director of the Collection Lambert.

This fourth volume of *Cahiers de la Collection Lambert* continues to highlight the works of pioneer artists from the collection: a collection composed of unique ensembles of the artists' work, mainly loans from the Centre National des Arts Plastiques, originally part of the donation made by Yvon Lambert to the French state.

Niele Toroni is a master who fully merits his place among the first artists selected by Yvon Lambert and his Collection to receive such an honor. Let us follow the artist as he leads us into his work.

Empreintes de pinceau n° 50 répétées à intervalles réguliers (30 cm), 1967, acrylique sur toile

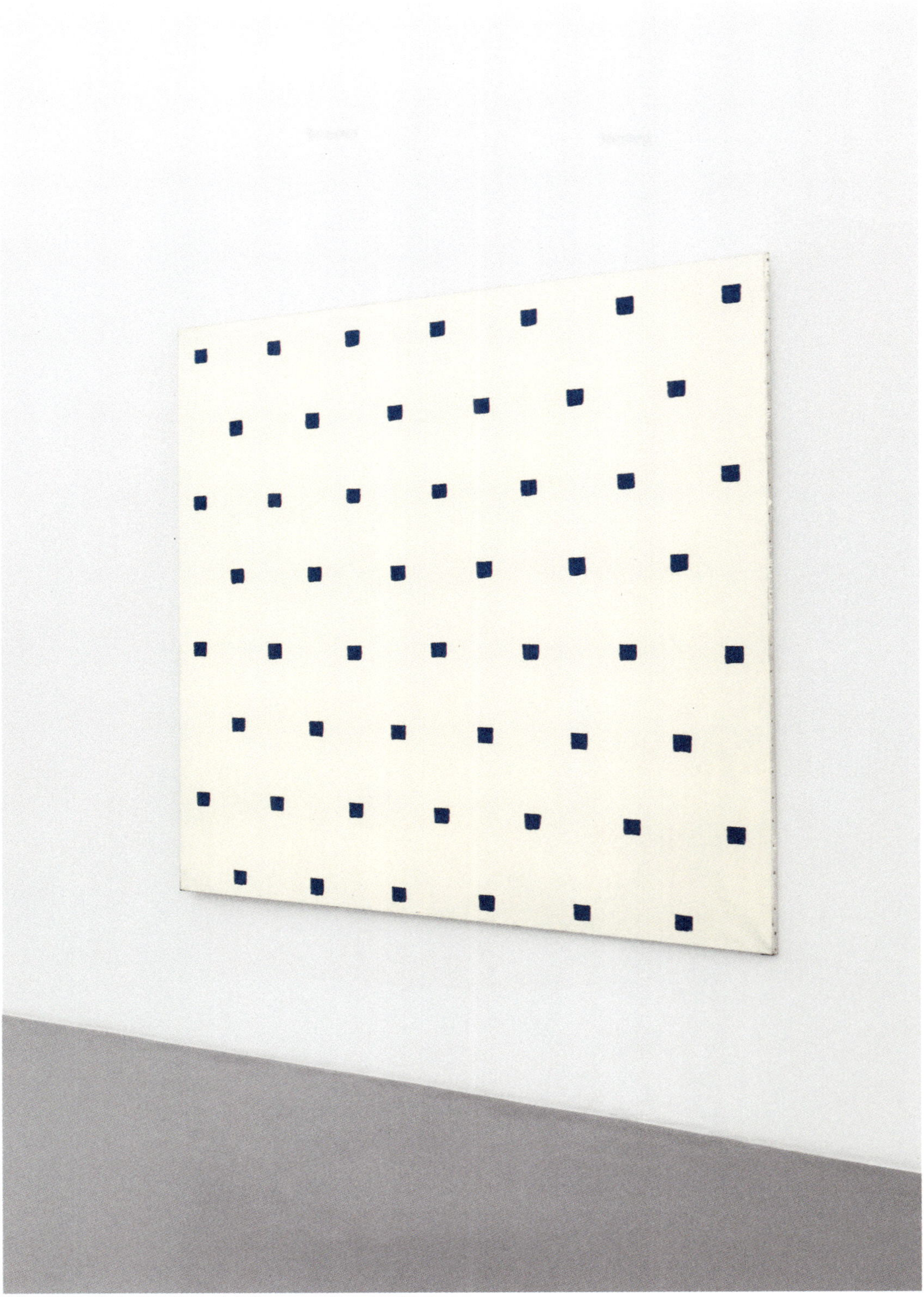

Empreintes de pinceau n° 50 répétées à intervalles réguliers (30 cm), 1974, peinture sur toile libre

Empreintes de pinceau n° 50 répétées à intervalles réguliers (30 cm), 1974, peinture sur toile libre (détail)

Empreintes de pinceau n° 50 répétées à intervalles réguliers (30 cm), 1984, peinture sur papier calque

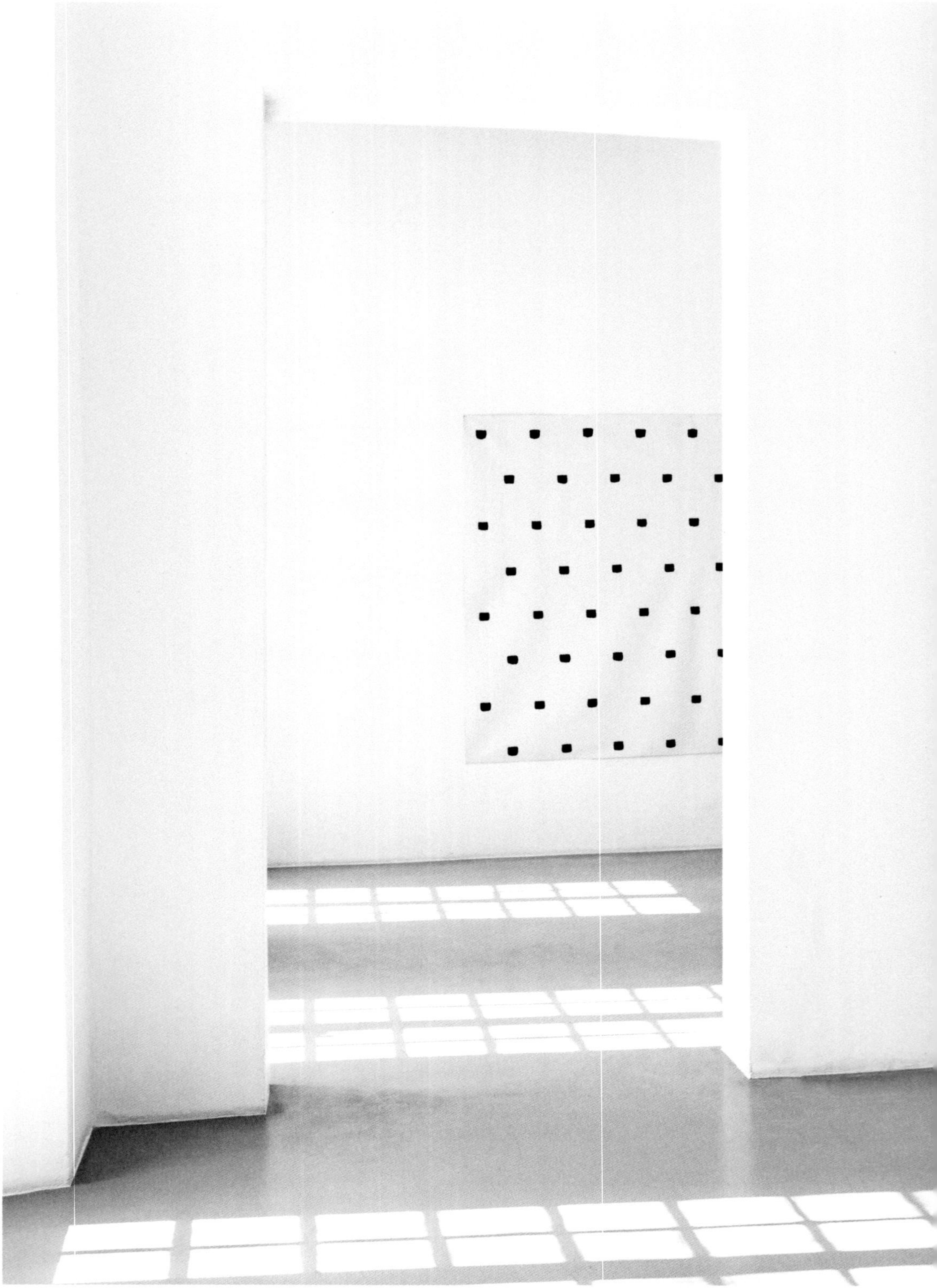

Empreintes de pinceau n° 50 répétées à intervalles réguliers (30 cm), 1975, peinture sur toile libre
Empreintes de pinceau n° 50 répétées à intervalles réguliers (30 cm), 1984, peinture sur papier calque

Empreintes de pinceau n° 50 répétées à intervalles réguliers (30 cm), 1975, peinture sur toile libre

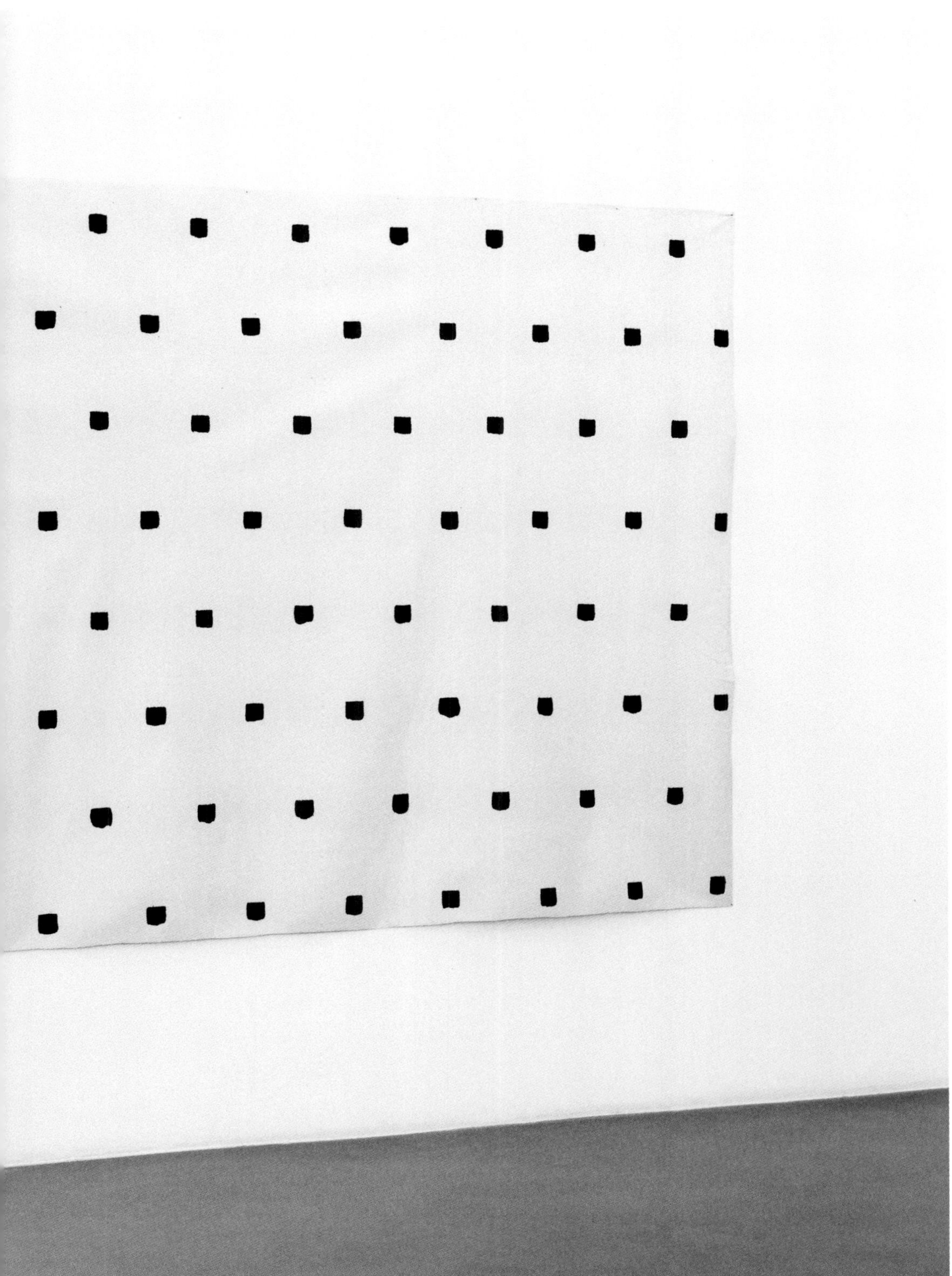

Empreintes de pinceau n° 50 répétées à intervalles réguliers (30 cm), 1967, peinture glycérophtalique sur toile apprêtée

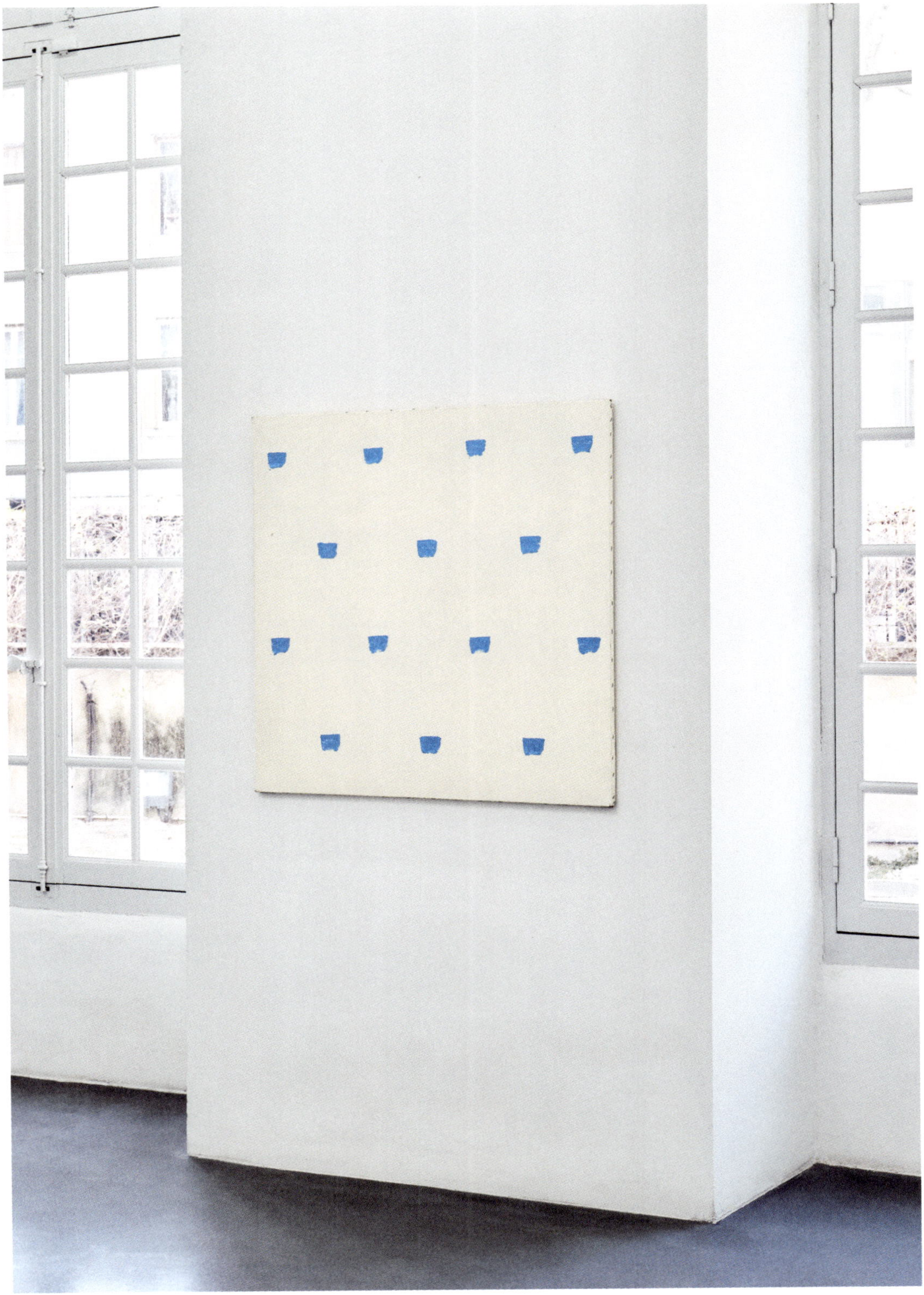

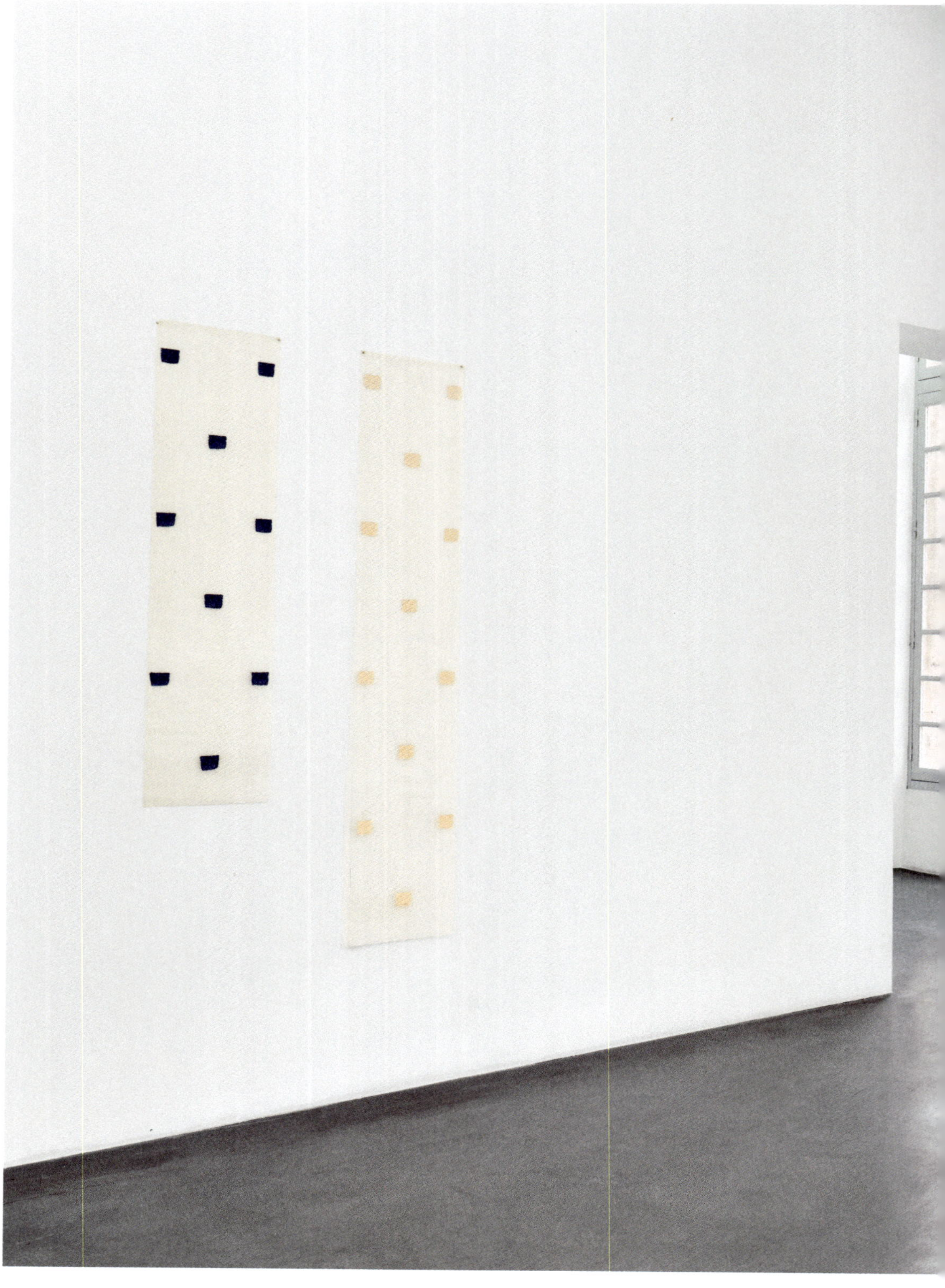

Empreintes de pinceau n° 50 répétées à intervalles réguliers (30 cm), 1990, peinture sur papier calque
Empreintes de pinceau n° 50 répétées à intervalles réguliers (30 cm), 1967, peinture glycérophtalique sur toile apprêtée

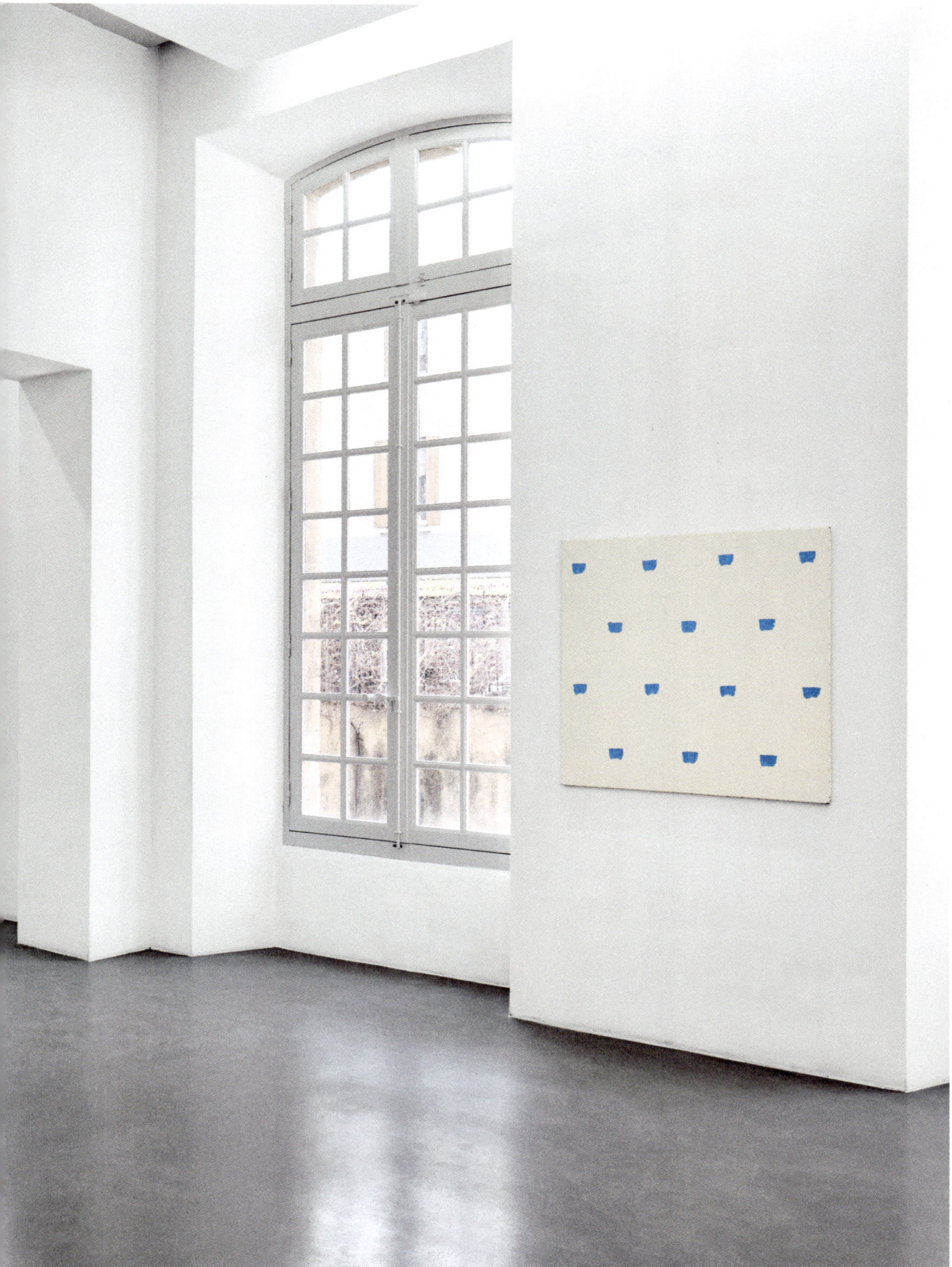

LA PEINTURE SOUVENT DÉCONCERTE

Stéphane Ibars

La peinture souvent déconcerte. Elle propose au regard des couleurs, des formes évidentes ou très simples - mais souvent des couleurs et des formes que nous n'attendions pas.

Georges Didi-Huberman, *Fra Angelico. Dissemblance et figuration*, Flammarion, 2009, p. 9.

Du 3 au 10 mars 1970, Yvon Lambert organise la première exposition personnelle de Niele Toroni dans une galerie. L'inauguration est annoncée par l'envoi d'un carton d'invitation sur lequel figurent les dates de la manifestation, le nom et l'adresse de la galerie, ainsi qu'une description de ce qui semble être le travail exposé et visible par le public :

"Empreintes de pinceau n° 50 à
intervalles réguliers (30 cm)"

Suivront la même année deux autres expositions de l'artiste – du 21 au 28 avril et du 1er au 10 juillet. Ces trois manifestations ont été conçues comme un même événement ; chaque inauguration étant annoncée par le même carton sur lequel seules les dates – inscrites à la main – diffèrent. Le nom de l'artiste n'apparaît jamais, laissant toute la place au travail présenté et au lieu dans lequel il est situé. Si l'anonymat ne sera plus mis en scène de la sorte, quinze autres expositions seront organisées jusqu'en 2013 dans les différentes galeries d'Yvon Lambert. Elles permettront au public de découvrir des empreintes de pinceaux n° 50 à intervalles réguliers de 30 cm, appliquées sur le mur, dans les angles, sur des piliers ou sur des vitres, sur des toiles accrochées, sur des toiles cirées déroulées à même le sol, sur des feuilles de papier calque ou des pages de journaux…

Niele Toroni est né en 1937 à Muralto, dans le Tessin suisse. Après avoir terminé des études à l'École normale, il enseigne à partir de 1956 à Maroggia, au bord du lac de Lugano, et, le soir venu, s'essaie à la peinture. Dans la courte biographie qui accompagne certains des ouvrages qui lui sont consacrés, il raconte avoir pensé, en peignant depuis sa fenêtre, à Borromini, Fontana ou Maderno, tous partis des rives de ce lac pour embrasser les carrières que l'on sait. Il part ainsi s'installer à Paris en 1959 "pour faire de la peinture". Le 21 octobre 2020, alors que nous nous rencontrions avec Yvon Lambert et l'artiste pour travailler à cet ouvrage, il peignait toujours, pour reprendre sa formule. En janvier 2021, à l'heure où s'écrit ce texte, il semble qu'il peigne encore.

C'est à l'occasion de quatre manifestations qu'il organise aux côtés de Daniel Buren, Olivier Mosset et Michel Parmentier entre 1966 et 1967, dans le cadre du Salon de la Jeune Peinture, que Niele Toroni systématise et rend publique la méthode de travail qu'il s'impose encore aujourd'hui – soit l'application, dans de multiples lieux et sur de multiples surfaces, d'empreintes de pinceaux n° 50 à intervalles réguliers de 30 cm. Au même moment, Daniel Buren se singularise par l'application de rayures verticales monochromes sur fond blanc, Michel Parmentier par la présentation de bandes monochromes horizontales en alternance avec des bandes blanches, Olivier Mosset en peignant un cercle noir sur fond blanc.

Ce geste radical s'inscrit dans un mouvement plus général initié dans les années 1960, de refus d'une subjectivité jugée suspecte et mortifère par les artistes issus des nouvelles avant-gardes – l'art minimal et conceptuel notamment –, et dont la galerie d'Yvon Lambert est l'un des premiers et des plus importants lieux de diffusion en France et en Europe.

PAINTINGS ARE OFTEN DISCONCERTING

Stéphane Ibars

Paintings are often disconcerting. They present our gaze with colors and obvious or simple forms – but often color and forms we were not expecting.
GEORGES DIDI-HUBERMAN, *FRA ANGELICO. DISSEMBLANCE AND FIGURATION*, TRANS. JANE MARIE TODD, (CHICAGO: UNIVERSITY OF CHICAGO PRESS, 1995), P. 1.

From 3 to 10 March, 1970, Yvon Lambert organized Niele Toroni's first solo exhibition in a gallery. The opening was announced by invitations that displayed the dates of the show, the name and address of the gallery and a description of what appeared to be the work exposed and visible to the public:

"Imprints of a No. 50 paintbrush
repeated at regular intervals of 30 cm."

The same year, two more exhibitions would follow – from 21 to 28 April and 1 to 10 July. These three shows were conceived as a single event; each opening was announced using the same card where only the dates – written by hand – differed. The name of the artist never appeared, leaving room for the work being exposed and its location to take center stage. While this anonymity was not used again in such a dramatic fashion, fifteen more exhibitions were organized from 1970 to 2013 in Yvon Lambert's various galleries. They would allow the public to discover the imprints of a No. 50 paintbrush repeated at regular intervals of 30 cm, applied directly to walls, in corners, on columns or windows, on hung canvasses, oilcloths rolled out across the floor, tracing paper or sheets of newspaper, among others.

Niele Toroni was born in 1937 in Muralto in the Ticino canton of Switzerland. After finishing his studies at the teachers college, he began teaching in Maroggia on Lake Lugano in 1956, and would try his hand at painting in the evenings. In the short biography that has been included in some of the writings dedicated to his work, he tells how he would think of Borromini, Fontana or Maderno as he painted at his window, all of whom started out on the very same lake and went on to the illustrious careers we know them for today. Niele Toroni then went to live in Paris in 1959 "to practice painting". On 21 October 2020, when I met with Yvon Lambert and the artist to work on this text, he was still practicing, as he put it. In January 2021, as I write this, it seems he continues to practice painting.

During four *manifestations* that he organized along with Daniel Buren, Olivier Mosset and Michel Parmentier from 1966 to 1967 for the Salon de la Jeune Peinture (Salon of Young Painters), Niele Toroni made systematic and public the method that he still imposes on himself today – the application in a variety of places and on a variety of surfaces of imprints of a No. 50 paintbrush repeated at regular intervals of 30 cm. At the same time, Daniel Buren was starting to stand out for his application of vertical monochrome stripes on a white background, Michel Parmentier had his alternating horizontal white and monochrome bands and Olivier Mosset was painting his characteristic black circle on a white background.

This radical act was part of a more general movement initiated in the 1960s, a refusal of subjectivity, judged suspicious and deadly by artists from the new avant gardes – minimal and conceptual art mostly – and for whom Yvon Lambert's gallery was one of the first and most important places for distribution in France and all of Europe.

Les cinq premières années d'existence du lieu que le galeriste ouvre rue de l'Échaudé voient ainsi se succéder des artistes devenus aujourd'hui des figures majeures de l'histoire de l'art, tous engagés dans l'idée que l'art ne peut exister qu'à travers des ruptures sensibles d'envergure, alors que la société occidentale est en proie à des mutations inédites : Carl Andre, Robert Barry, Marcel Broodthaers, Daniel Buren, Christo, Daniel Dezeuze, Jan Dibbets, Hamish Fulton, Douglas Huebler, On Kawara, Sol LeWitt, Richard Long, Robert Mangold, Brice Marden, Dennis Oppenheim, Edda Renouf, François Ristori, Robert Ryman, Fred Sandback, Niele Toroni, Richard Tuttle, Cy Twombly ou Lawrence Weiner, pour ne citer qu'eux, constituent ainsi le socle intellectuel de la programmation initiée à Paris par Yvon Lambert et dont la collection d'œuvres qu'il a donnée à l'État français en 2012 pour dépôt permanent à Avignon constitue un témoignage exceptionnel.

La méthode de Niele Toroni trouve toute sa place dans cette impressionnante famille où se jouent, artiste après artiste, geste après geste, de nouvelles manières d'envisager l'art, de le produire et de le partager, où les protocoles, *statements* et autres déclarations d'intention définissent les contours d'une nouvelle relation à l'œuvre, définitivement débarrassée de l'encombrante expressivité des gestes du passé.

AU-DELÀ DE LA SUBJECTIVITÉ : LA PEINTURE MÊME

Ce que l'artiste nomme travail/peinture, et qu'il donne à voir à chacune de ses interventions, consiste en la réalisation matérielle d'un énoncé littéral qui structure et rythme une manière de faire de la peinture et de la faire apparaître aux yeux de tous pour ce qu'elle est en réalité. Sont toujours présentées, visibles et constatées[1] des empreintes réelles de pinceau n° 50 à intervalles réguliers de 30 cm ; empreintes réalisées par l'artiste certes, mais qui pourraient être le fait de n'importe qui. Elles ne sont accompagnées d'aucun texte qui justifierait leur présence ou en expliquerait le sens[2]. Aussi est-il toujours risqué, voire maladroit, de tenter de définir la pratique de l'artiste. Buren, Mosset, Parmentier et Toroni ne disaient déjà collectivement rien d'autre au Salon de la Jeune Peinture en 1967 : "Nous faisons une peinture qui doit être regardée. Il suffit de la regarder. Être regardée en soi, sans commentaire. Pour elle, pour elle-même." C'est pourquoi il n'est question ici que d'évoquer l'expérience vécue à l'occasion de quelques rencontres avec le travail/peinture de Niele Toroni et de sa mise en situation.

Dans sa simplicité et son objectivité, la proposition de l'artiste rappelle d'abord le célèbre *What you see is what you see* ("Ce que vous voyez est ce que vous voyez") de Frank Stella, dont l'influence auprès des artistes américains des années 1960-1970 est indéniable. Ce que nous voyons quand nous rencontrons en silence les empreintes de pinceaux réalisées par Niele Toroni, ce n'est en effet ni une image ni un motif, mais bien des empreintes de pinceaux telles qu'elles ont été

1- Cette trilogie de termes a été utilisée par l'artiste sur le carton d'invitation présentant une exposition organisée du 14 avril au 13 mai 1970 au 48, rue Armand-Campenhout à Bruxelles.
2- On peut lire sur le carton d'invitation de l'exposition organisée chez Yvon Lambert du 11 au 30 avril 1972 : "Aucun texte ne sera distribué pour être accolé comme étiquette-justification-faire valoir au travail/peinture présenté."

The first five years of the gallerist's location on rue de l'Échaudé were witness to a long line of artists that have now become important figures in art history. They were committed to the idea that art can only exist through a major, sensible divorce from the norm, all while Western society was undergoing incredible changes. Carl Andre, Robert Barry, Marcel Broodthaers, Daniel Buren, Christo, Daniel Dezeuze, Jan Dibbets, Hamish Fulton, Douglas Huebler, On Kawara, Sol Lewitt, Richard Long, Robert Mangold, Brice Marden, Dennis Oppenheim, Edda Renouf, François Ristori, Robert Ryman, Fred Sandback, Niele Toroni, Richard Tuttle, Cy Twombly and Lawrence Weiner, to name a few, constituted the intellectual foundation of the programming Yvon Lambert initiated in Paris at the time, which later grew into his collection, donated to the French state in 2012. On permanent loan in Avignon, the collection now constitutes an exceptional account of this movement.

The method initiated by Niele Toroni certainly has its place in this impressive family where new ways of viewing art, producing it and sharing it are played out, artist after artist, brushstroke after brushstroke. Where protocols, statements and other declarations of intention define the contours of a new relationship to the work, definitively removed from the cumbersome expressivity of gestures from the past.

BEYOND SUBJECTIVITY: PAINTING ITSELF

What the artist calls *travail/peinture* (work/painting) and what he displays at each of his interventions, consists in the material execution of a literal statement that structures and sets a rhythm to a way of practicing painting and of presenting it to viewers as what it actually is. The real imprints of a No. 50 paintbrush repeated at regular intervals 30 cm are always shown, visible and observed[1]; imprints that are indeed made by the artist, but that could be the work of anyone. They are not displayed with any text justifying their presence or explaining their meaning[2]. It is therefore always risky or even clumsy to attempt a definition of the artist's practice. Buren, Mosset, Parmentier and Toroni were already collectively stating exactly this at the Salon de la Jeune Peinture in 1967: "We make paintings that are to be looked it. It is sufficient to look at them. Look at them for what they are, without comment. Painting for painting's sake." This is why, here, we will only discuss the experience of several encounters with the work/painting of Niele Toroni and how it is put into context.

In its simplicity and objectivity, what the artist proposes first reminds us of Frank Stella's famous *What you see is what you see.* Stella's influence on American artists in the 1960s and 70s is undeniable. What we see when we encounter Niele Toroni's imprints in silence is in fact neither an image nor a pattern, but indeed imprints of a paintbrush as they were announced by the artist, their appearance having effectively rid itself of all forms of expressiveness. They are

1- These three terms were used by the artist on the invitation presenting an exhibition from 14 April to 13 May 1970 at 48 rue Armand Campenhout in Brussels.
2- The invitation for the exhibition organized by Yvon Lambert from 11-30 April 1972 reads: "no text will be distributed as a label of justification-assertion affixed to the work/painting shown."

annoncées par l'artiste et dont l'apparition est effectivement débarrassée de toute forme d'expressivité. Elles sont appliquées mécaniquement, répétitivement, et ne racontent rien de la vie personnelle ou de la psyché de l'artiste, qui semble agir en véritable *opérateur*, comme le font Bernd et Hilla Becher quand ils réalisent leurs photographies de sites industriels allemands. Il n'y a là, en apparence, rien de subjectif. Il n'y a pas de sujet – toujours trop anecdotique selon l'artiste – en dehors de la peinture, de sa présentation et de la constatation de son existence, ici et maintenant, à nos côtés. Car "plus qu'aucun autre peintre ne l'avait jamais fait, Niele Toroni énonce la façon dont la peinture se montre[3]".

Ce qu'il a appris de la peinture et qu'il nous transmet, il semble l'avoir appris à travers la *Madonna del Parto* à Monterchi ou les fresques d'Arezzo peintes par Piero della Francesca, dans l'expérience des œuvres de Giotto à la chapelle des Scrovegni de Padoue, ou des *Nymphéas* de Monet à l'Orangerie.

Niele Toroni s'inscrit dans la lignée de ceux qui vous placent "*dans* la peinture" pour reprendre ses termes. Il travaille aux côtés de ceux qui dépassent le sujet ou l'évacuent simplement pour se concentrer sur l'apparition de la peinture dans un espace-temps donné et partagé avec tous ceux qui accepteront de s'y confronter.

LA PEINTURE EST MORTE, VIVE LA PEINTURE !

Quand dans une ritournelle aussi drôle qu'incisive, Niele Toroni se décrit comme "banalement peintre", c'est assurément pour marquer une position éminemment politique qui l'écarte de la figure autoritaire de l'artiste omnipotent et le rapproche de celle des peintres en bâtiment et autres artisans ; ceux dont le travail est d'appliquer la peinture inlassablement en ne s'embarrassant jamais du sujet. Ce "degré zéro de la peinture[4]" est aussi une manière de laisser la place à la peinture elle-même, au lieu qui l'accueille et à celui qui la regarde. L'auteur est symboliquement écarté *manu militari*, comme il l'avait été par Roland Barthes dans son *Degré zéro de l'écriture*, qui laissait ainsi toute la place au texte et au lecteur.

Peindre comme le fait Niele Toroni en 1970 dans la galerie d'Yvon Lambert n'est pourtant pas banal. Comme l'écrit Jean-Michel Foray dans le catalogue de l'exposition de l'artiste à la Villa Arson en 1987, "tout se passe en effet comme si, à l'époque proclamant la fin de la peinture, il fallait bien à la fois en finir avec elle et la continuer pourtant[5]". Chacune des empreintes apposées par l'artiste semble dès lors s'imposer à la fois comme une mise à mort conceptuelle d'une peinture jugée trop anecdotique et comme la célébration sans cesse renouvelée de la peinture. "La peinture est morte, vive la peinture !" voudrions-nous crier dans le silence des salles que les empreintes recouvrent.

3- Christian Besson, in *Niele Toroni. Catalogue raisonnable, 1967-1987, 20 ans d'empreintes*, Villa Arson/musée de Peinture et de Sculpture, Nice/Grenoble, 1987, p. 142.
4- Cette formule de Daniel Buren décrivait le travail de Mosset, Parmentier, Toroni et lui-même lors du Salon de la Jeune Peinture.
5- Jean-Michel Foray, in *Niele Toroni. Catalogue raisonnable, 1967-1987, 20 ans d'empreintes*, *op. cit.*, p. 160.

applied mechanically, repetitively and they tell us nothing of the personal life or psyche of the artist, who seems to act as a true *operator*; like Bernd and Hilla Becher when they photograph German industrial sites. It appears there is nothing subjective here. There is no subject – too anecdotal according to the artist – beyond the painting itself, its presentation and the observation of its existence, here and now, next to us. Because "more than any other painter ever has, Niele Toroni states the way painting shows itself."[3]

What he has learned from painting and what he communicates, he seems to have learned from the *Madonna del Parto* in Monterchi or the Arezzo frescoes painted by Piero della Francesca, through the experience of Giotto's works in the Scrovegni chapel of Padua or Monet's *Water Lilies* at the Orangerie.

Niele Toroni is of the breed that places you "IN the painting", as he puts it. He works alongside those who go beyond the subject or simply do away with it to concentrate on the appearance of the painting in a given space-time, shared with all those who agree to confront it.

PAINTING IS DEAD, LONG LIVE PAINTING!

When Niele Toroni describes himself as "an ordinary painter" in a refrain as funny as it is cutting, it's surely to mark an eminently political position that distances him from the authoritarian figure of the omnipotent artist and brings him closer to that of construction painters and other tradesmen: those whose job it is to tirelessly apply paint without ever concerning themselves with the subject. This "painting degree zero"[4] is also a way of leaving room for the painting itself, for the space that welcomes it and the person who observes it. The author is symbolically and forcibly removed as he was by Roland Barthes in his *Writing Degree Zero*, thus leaving the text and reader to occupy all of the space.

However, painting like Niele Toroni did in 1970 at Yvon Lambert's gallery is anything but ordinary. As Jean-Michel Foray said in the catalogue for the artist's exhibition at Villa Arson in 1987, "everything happens as if, in a time that was declaring the end of painting, it was necessary to be done with it and yet to keep doing it."[5] Each imprint laid down by the artist then seems to be both a conceptual beheading of painting deemed too anecdotal, as well as the endlessly renewed celebration of painting itself. "Painting is dead, long live painting!" one wishes to exclaim in the silence of the rooms covered in imprints.

3- Christian Besson, in *Niele Toroni, Catalogue raisonnable, 1967-1987, 20 ans d'empreintes*, Villa Arson, Nice, and Musée de peinture et de sculpture de Grenoble, 1987, p. 142.
4- This expression was used by Daniel Buren to describe the work of Mosset, Parmentier, Toroni and himself on the occasion of the Salon de la Jeune Peinture.
5- Jean-Michel Foray, in *Niele Toroni, Catalogue raisonnable, 1967-1987, 20 ans d'empreintes*, Villa Arson, Nice, and Musée de peinture et de sculpture de Grenoble, 1987, p. 160.

Empreintes de pinceau n° 50 répétées à intervalles réguliers (30 cm), 1990, peinture sur papier calque

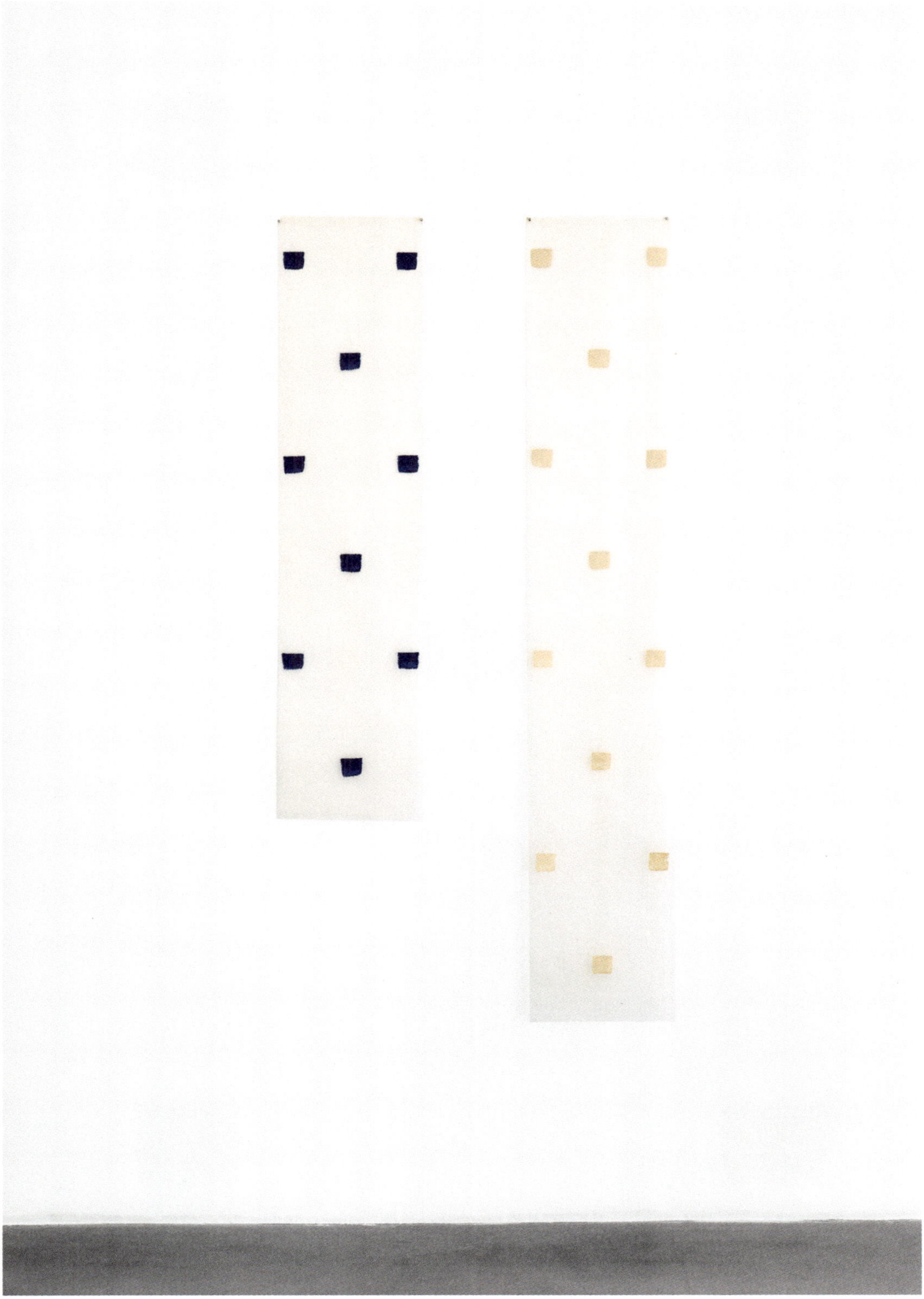

Empreintes de pinceau n° 50 répétées à intervalles réguliers (30 cm), 1990, peinture sur papier calque (détails)

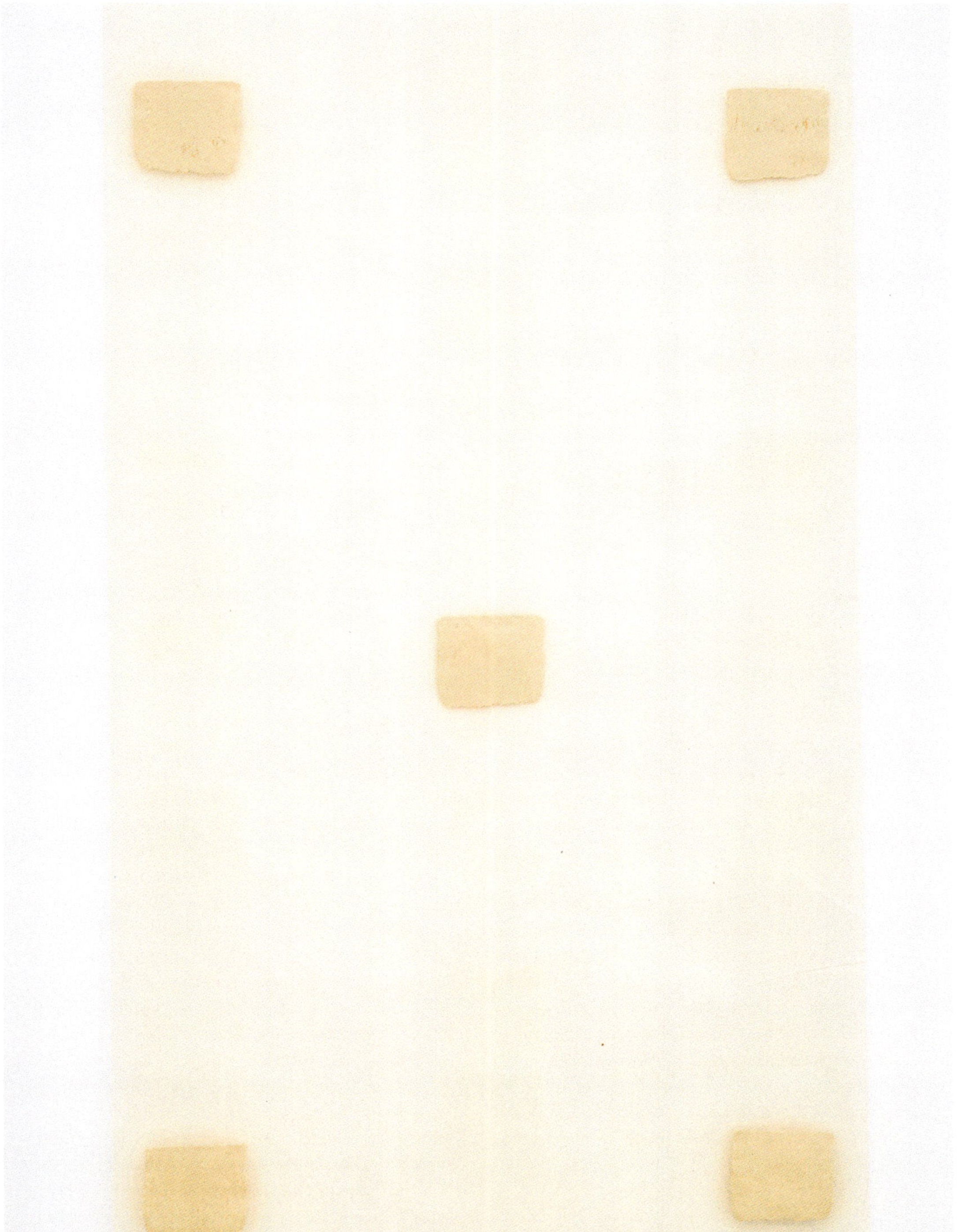

La tension qui se joue dans la peinture de Niele Toroni pourrait ainsi naître de la rencontre d'Éros avec Thanatos réunis en un même espace, en un même instant répété dans l'infini des possibles qu'ouvre cette succession d'empreintes. Elle résonne dans la galerie d'Yvon Lambert avec d'autres gestes élégants, aussi subtils qu'héroïques, qui ont eu l'ambition de redéfinir l'art en maintenant la peinture en vie coûte que coûte – de Brice Marden à Robert Mangold ou Robert Ryman. La touche de pinceau de Robert Ryman n'a-t-elle pas mille choses à dire à l'empreinte de Niele Toroni ? Même si Ryman semble nous avoir montré pendant près de soixante ans comment peindre en "peignant la peinture", là où Niele Toroni met en œuvre et révèle les conditions particulières de son apparition, dans des lieux et dans des temps où il a choisi de la situer.

PEINDRE ET FAIRE L'AMOUR

Préférer la peinture à l'artiste, la littéralité d'un énoncé à la subjectivité du choix d'un sujet, la mécanicité du geste à une expressivité jugée désuète n'impose pas d'oublier les corps, d'éluder la vie. C'est même tout le contraire qui se joue dans les interventions de Niele Toroni. "Rien de plus banal, de plus normal, que la répétition. Rien de plus normal pour nous que la répétition du battement de notre cœur, que l'on dorme ou que l'on soit éveillé… Sans répétition, on est mort[6] !" raconte-t-il.

Si l'artiste se plaît à dire de manière truculente qu'il n'est jamais question de lui dans sa peinture, que peu nous importe ce qu'il a fait la veille, s'il "a baisé ou non", que seule la peinture compte, il est pourtant physiquement, consciemment et affectivement là dans ses interventions. Si les empreintes ne sont pas les siennes mais celles du pinceau, elles restent le fait d'un geste – le sien –, si mécanique et répétitif soit-il. Il n'y a qu'à s'approcher du mur ou de la toile pour découvrir qu'au-delà de la promesse qui annonce leur apparition mécanique et systématique, les empreintes sont toutes différentes, guidées par l'intensité de l'implication d'un corps qui semble jouir en réalité de la situation qu'il provoque, amusé et ému de la rencontre à venir avec la peinture en personne. Célébration !

Là réside toute la sensualité de l'œuvre, si chère à Yvon Lambert, à nos corps et nos esprits enivrés.

WELCOME TO THIS SITUATION!

Dans une œuvre intitulée *This situation* et présentée au Festival d'Avignon en 2011, à deux pas de la Collection Lambert, Tino Sehgal invitait le visiteur à assister à une "situation construite", dans laquelle des performeurs – nommés les "joueurs" – conversaient en s'appropriant les grands textes de la philosophie, de la poésie, de la pensée politique… Chaque visiteur qui entrait dans l'espace devenait le déclencheur d'une nouvelle situation et se voyait accueilli par un *Welcome to this situation!*, déclamé par les joueurs, indéfiniment.

Niele Toroni pourrait être ce joueur – à moins que ce ne soient les empreintes elles-mêmes –, qui initie et annonce, à chacune de ses interventions, une situation inouïe qui voit la peinture advenir, simplement et magistralement. C'est dans cette exigence sans cesse renouvelée – toujours situer son geste ! – que l'artiste permet à ces empreintes de pinceau n° 50 appliquées à intervalles réguliers de 30 cm de nourrir de nouveaux dialogues sensibles avec les espaces

6- Niele Toroni, "Entretien de Niele Toroni et Bernard Marcadé", in *Niele Toroni, CAPC musée d'Art contemporain de Bordeaux*, 1997, p. 42.

The tension that plays out in Niele Toroni's painting could therefore be born of the encounter between Eros and Thanatos, together in the same space, at the same moment repeated in the infinity of possibilities opened up by this succession of imprints. It resonates in Yvon Lambert's gallery with other elegant gestures, as subtle as they are heroic, that had the ambition to redefine art by keeping painting alive at all costs – from Brice Marden to Robert Mangold or Robert Ryman. Robert Ryman's brushstroke would certainly have some things to say to Niele Toroni's imprint. Even though Ryman seems to have shown us for nearly sixty years how to paint by "painting the paint", Niele Toroni implements and reveals the conditions inherent to the appearance of painting, in spaces and times he has chosen to situate it.

PAINTING AND MAKING LOVE

Preferring painting to the artist, the literality of a statement to the subjectivity of choosing a subject, the mechanics of the gesture to an expressiveness deemed outdated, does not require one to forget bodies or elude life. It's actually quite the opposite that occurs in Niele Toroni's work. "Nothing more commonplace, more normal than repetition. Nothing more normal for us than the repetition of our heartbeat, whether we're sleeping or awake... Without repetition, we're dead!"[6] he says.

While the artist loves to say, in his colorful way, that his painting is not about him, that it doesn't matter what he did the day before, whether he "got laid or not," that only painting matters in and of itself; he is still physically, consciously and affectively present in his works. While the imprints are not his, but rather those of the brush, they remain the result of a gesture – his – as mechanical and repetitive as it may be. All you have to do is move closer to the wall or canvas to see that, beyond the promise announced by their mechanical and systematic appearance, the imprints are all different, guided by the intensity of implication of a body that seems to truly take pleasure from the situation it has provoked, amused and moved by the encounter to come with painting, in person. Celebration! Therein resides all the sensuality of the work, so dear to Yvon Lambert, to our exhilarated bodies and minds.

WELCOME TO THIS SITUATION!

In a work entitled *This situation* presented at the 2011 Festival d'Avignon, just steps away from the Collection Lambert, Tino Sehgal invited the visitor to watch a "constructed situation" where performers – called players – conversed and appropriated great texts from the fields of philosophy, poetry and politics. Each visitor who entered the space became the trigger of a new situation and was welcomed by a chorus of "Welcome to this situation!" from the players, repeated indefinitely.

Niele Toroni could be that player – if it is not the imprints themselves – who initiates and announces at each of his interventions, an incredible situation that witnesses painting in its simple and masterful becoming. It is within this ever-renewed requirement – always situate one's gesture! – that the artist allows these same imprints of a No. 50 paintbrush repeated at regular intervals of 30 cm, to feed new sensible dialogues with the spaces they occupy and reveal, beyond painting itself. Further still, and

6- Niele Toroni, "Entretien de Niele Toroni et Bernard Marcadé", *Niele Toroni, CAPC Musée d'art contemporain de Bordeaux*, 1997, p 42.

qu'elles occupent et qu'elles révèlent, au-delà de la peinture. Plus encore, et pour reprendre les mots de René Denizot, ami de la première heure d'Yvon Lambert et de Niele Toroni, "l'œuvre n'apparaît que si elle colle au site, indécrottablement. Couleurs, odeurs, saveurs, bruits sont mêlés intimement à la saisie du site[7]". C'est face à cette alchimie presque organique que, pris de vertiges, nous nous laissons embarquer dans la liberté inouïe d'un geste que nous avions enfermé parfois trop tôt dans son propre énoncé conceptuel. C'était oublier à tort la passion de Niele Toroni pour le poker et autres jeux de bluff ou de hasard ! Mais il faut bien avouer qu'aucun mot ne pourrait raconter la réalité du plaisir que procure la confrontation physique au travail situé, la relation nouvelle à l'espace et au temps, au silence, à la durée, à la respiration qu'offrent les plages de blanc entre les empreintes.

LA PEINTURE, COMME JE L'ENVISAGE, EST BIEN UN APPRENTISSAGE DE LA VISION[8]

Dans les *Paradoxes de Robert Ryman*, Jean Frémon écrit qu'"une grande œuvre exerce autant d'influence sur le passé que sur l'avenir, elle modifie la lecture de ce qui la précède[9]". Il serait tout à fait juste de dire aussi que la rupture initiée par le geste de Niele Toroni est essentielle en ce qu'elle ouvre de nouveaux champs à l'art en devenir, en même temps qu'elle poursuit un dialogue essentiel avec le passé et nous offre la possibilité de porter sur lui un nouveau regard.

De la même manière que l'on ne regarde plus le *Couronnement de la Vierge* de Fra Angelico après avoir vu certaines peintures de Robert Ryman, que les fresques peintes par Piero della Francesca à Arezzo nous semblent différentes après avoir contemplé le *Wall Drawing #538* de Sol LeWitt présenté à demeure à la Collection Lambert, les œuvres de Niele Toroni modifient définitivement notre vision des fresques de Giotto à la chapelle des Scrovegni ou celle des anges qui entourent la *Madonna del Parto* de Piero della Francesca à Monterchi.

Il serait pourtant dommage d'enfermer dans le seul champ de l'art la réflexion de l'artiste citée en exergue. L'ingénieuse neutralité qui imprègne son œuvre, depuis l'énoncé jusqu'à la réalisation dans une situation déterminée, donne à celui qui la contemple la possibilité de regarder librement tout ce qui se situe autour de l'empreinte répétée, ici et au-delà de l'œuvre et de l'instant partagé. Chaque intervention, chaque situation, fonctionne comme une réactualisation de nos expériences visuelles communes et personnelles, nous offrant une perception du monde toujours renouvelée, éternellement.

Même lorsqu'il évoque la mort dans les textes de Pavese, Niele Toroni convoque le regard. *Verrà la morte e avrà i tuoi occhi…*

À Violetta

7- René Denizot, in *Niele Toroni. Catalogue raisonnable, 1967-1987, 20 ans d'empreintes*, *op. cit.*, p. 157.
8- Niele Toroni, "Entretien de Niele Toroni et Bernard Marcadé", *op. cit.*, p. 45.
9- Jean Frémon, *Paradoxes de Robert Ryman*, L'Échoppe, Paris, 2018, p. 67.

to borrow the words of René Denizot, a friend of Yvon Lambert and Niele Toroni from the start, "the work only appears if it sticks to the location and cannot be scrubbed away. Colors, scents, flavors, noises are intimately tied to one's understanding of the location."[7] Faced with this almost organic alchemy, overcome by dizziness, we allow ourselves to be carried away in the incredible freedom of a gesture that has at times been prematurely pigeonholed into its own conceptual statement. That would be wrongfully forgetting Niele Toroni's passion for poker and other games of bluff or chance! But one must admit that no words can describe the reality of pleasure brought about by the physical confrontation with the work in situ; the new relationship to space and time, to silence, duration and breath offered by the swathes of white between the imprints.

PAINTING, AS I VIEW IT, IS LEARNING HOW TO SEE[8]

In *The Paradoxes of Robert Ryman*, Jean Frémon writes "A great work exerts as much influence on the past as on the future, and it modifies the understanding of what came before it."[9] It is just as accurate to consider the fracture initiated by Niele Toroni's gesture as essential in the way it opens new horizons for art as it now evolves and at the same time continues a necessary dialogue with the past, offering us the possibility of viewing what came before with new eyes.

In the way that we no longer see Fra Angelico's *Coronation of the Virgin* in the same light after viewing certain Robert Ryman paintings, or how the frescoes painted by Piero della Francesca in Arezzo seem different after contemplating Sol LeWitt's *Wall Drawing #538*, permanently displayed at the Collection Lambert; Niele Toroni's work definitively modifies our vision of Giotto's frescoes in the Scrovegni chapel or those of the angels surrounding the *Madonna del Parto* by Piero della Francesca in Monterchi.

However, it would be unfortunate to limit our understanding of the artist's reflection in the epigraph to art alone. The ingenious neutrality that permeates his work, from the announcement to its execution in a determined situation, gives the viewer contemplating it the possibility of freely observing everything that surrounds the repeated imprint; here and beyond the work and the shared moment in time. Each intervention, each situation, operates as an update of our shared and personal visual experience, offering us a perception of the world that is continuously and eternally renewed.

Even as he evokes the idea of death in the texts of Pavese, Niele Toroni speaks of sight. *Verrà la morte e avrà i tuoi occhi…*

For Violetta

7- René Denizot, in *Niele Toroni, Catalogue raisonnable, 1967-1987, 20 ans d'empreintes*, *op. cit.*, p. 157.
8- Niele Toroni, "Entretien de Niele Toroni et Bernard Marcadé", *op. cit.*, p. 45.
9- Jean Frémon, *The Paradoxes of Robert Ryman*, trans. Brian Evenson, (New York: Black Square Editions & The Brooklyn Rail, 2008), p. 51.

Piero della Francesca, *La Madonna del Parto*, vers 1464, fresque

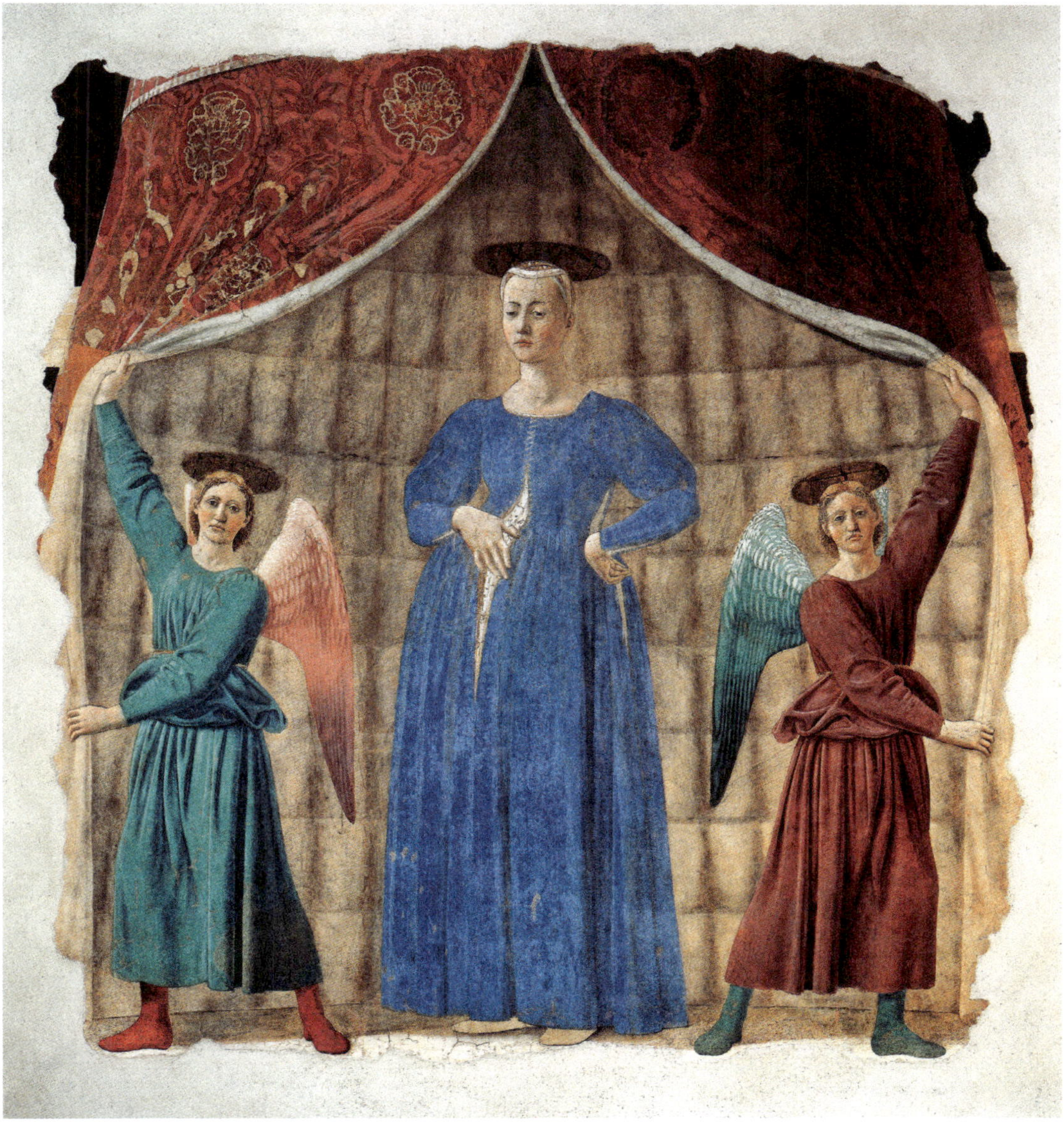

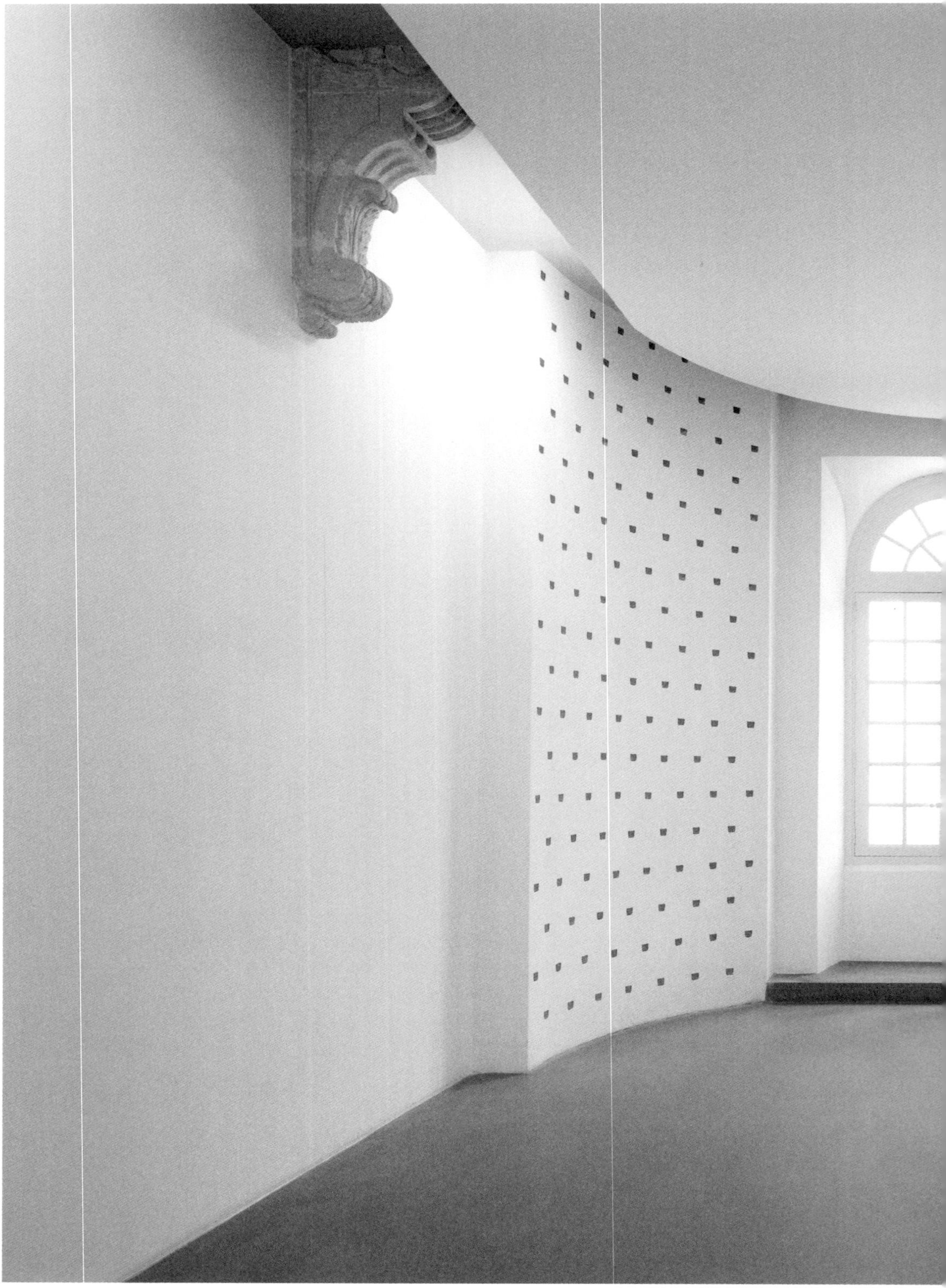

Empreintes de pinceau n° 50 répétées à intervalles réguliers (30 cm), 2000, œuvre réalisée *in situ* dans l'hôtel de Caumont, acrylique sur mur

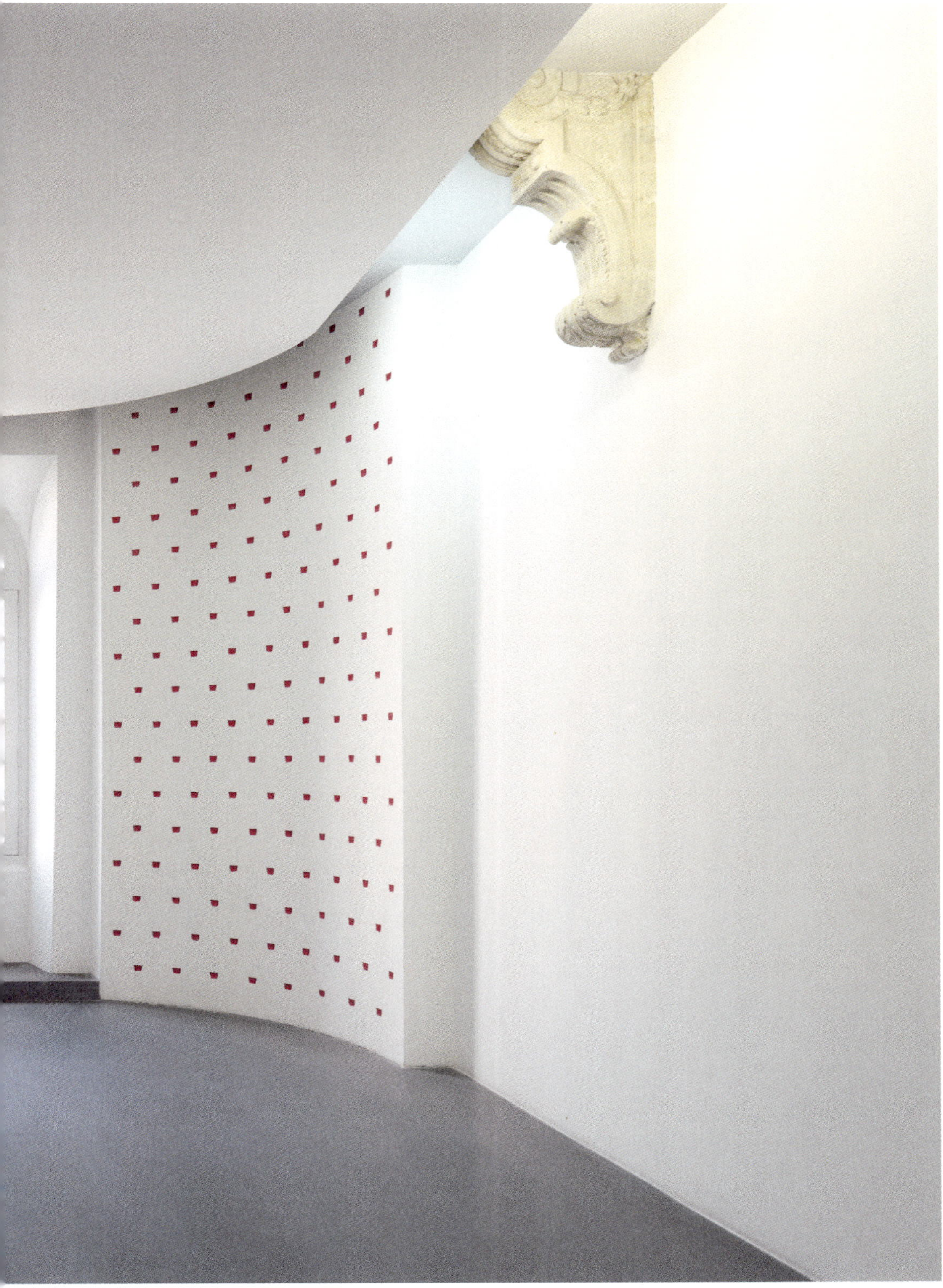

PARFOIS MÊME ON S'AMUSE[1]

Une conversation
Niele Toroni, Yvon Lambert, Stéphane Ibars
Rue des Filles-du-Calvaire, 21 octobre 2020, 12 h 15.
Sur la table une bouteille de Lillet, deux bouteilles de bordeaux rouge, un cendrier, de la charcuterie, du pain, des tartes salées, du fromage...

STÉPHANE IBARS : Niele, vous parliez en arrivant de l'article paru dans *Artforum* à propos de votre dernière exposition chez Marian Goodman à Paris, au mois de juin. Quand je l'ai visitée cet été, j'ai été très heureux d'y découvrir des photos de certaines de vos interventions à Avignon : celle réalisée au Clos des Trams à l'occasion de "La Beauté" en 2000 et celles réalisées à la Collection Lambert, sur les vitres de la grande salle aux arcades ainsi que sur les murs de l'alcôve de la petite chapelle de l'hôtel de Caumont.

NIELE TORONI : Ces photos dont vous parlez pendaient dans mon atelier, accrochées à des fils. Je me suis dit que c'était peut-être là une bonne occasion de les montrer. *(Rires.)*

SI : Il y avait dans cette exposition quelque chose de très réjouissant pour moi à voir apparaître, aux côtés de vos nouvelles réalisations, ces images surgies de notre passé sur lesquelles vous êtes intervenu.

YVON LAMBERT : C'était en effet très émouvant de découvrir dans ton exposition chez Marian que tu avais travaillé sur ces images des œuvres réalisées il y a vingt ans à Avignon, au moment où nous ouvrions le musée avec Éric Mézil.

SI : Remontons un peu plus loin encore et parlez-moi de votre première rencontre.

NT : J'ai rencontré Yvon à l'époque de sa première galerie parisienne. Comment s'appelait-elle ?

YL : Elle portait mon nom, comme toujours ! J'avais ouvert en 1964 un espace rive gauche, rue de Seine, et j'habitais quai de Conti.

NT : Tu y faisais des choses bizarres qui me faisaient beaucoup rire.

YL : Tu venais souvent à la galerie c'est vrai, parfois pour critiquer ce que je montrais à ce moment-là. Il faut dire que je ne m'étais pas encore engagé dans le programme avant-gardiste que j'ai développé dans mon espace de la rue de l'Échaudé à partir de 1967. Pourtant, si tu te souviens bien, j'avais déjà rencontré Olivier Mosset à qui j'avais acheté un de ses premiers cercles noirs sur fond blanc en 1966 et qui fait aujourd'hui partie de la donation à l'État que j'ai effectuée.

NT : Je t'ai connu avec Clemente. J'avais un atelier rue Castagnary, dans le 15e arrondissement de Paris. Il y avait là des ateliers bizarres au-dessus d'une série de garages. L'eau et les toilettes se trouvaient dans la cour et servaient à tous, mais avec quelques artistes qui n'avaient pas d'argent comme moi, on était très heureux de pouvoir être là.

YL : Qui était avec toi ?

NT : Il y avait notamment Sam Szafran et Kudo, mais je passais surtout beaucoup de temps avec Clemente ; pas Francesco bien sûr. Nous parlions italien, qui est ma langue maternelle. Un jour en discutant, il me dit qu'il connaissait un galeriste très sympathique chez qui on pourrait passer discuter et qui nous offrirait certainement un whisky. Il m'a donc amené chez Yvon, et Yvon, très gentil, m'a offert un whisky. J'y revenais par la suite une fois par mois pour discuter et boire un whisky.

YL *(Rires.)* : J'étais devenu pour certains artistes le bistrot du coin ! Et j'avais d'ailleurs à cette époque un très bon whisky. Pour revenir à notre rencontre avec Niele, c'est une sacrée coïncidence quand on y pense.

SI : Vous aviez déjà vu le travail de Niele ?

YL : Absolument pas ! Il ne me montrait rien de ce qu'il faisait à ce moment-là.

NT : C'est vrai. Je peignais peut-être encore sur mes linoléums ou je devais à peine commencer

1- Cesare Pavese, "Atlantic Oil", in *Travailler fatigue. La mort viendra et elle aura tes yeux*, Gallimard, Paris, 1969, p. 109.

SOMETIMES IT'S EVEN AMUSING[1]

A conversation
Niele Toroni, Yvon Lambert, Stéphane Ibars
Rue des Filles-du-Calvaire, 21 October 2020, 12:15 pm.
On the table: a bottle of Lillet, two bottles of bordeaux, an ashtray, charcuterie, bread, an assortment of quiches, cheeses…

STÉPHANE IBARS: Niele, when you arrived, you mentioned the article in *Artforum* about your exhibition at Marian Goodman's gallery in Paris last June.
When I went this summer, I was very happy to see photographs of some of the works you did in Avignon: the one at Clos des Trams for the *La Beauté* exhibition in 2000, and the works you painted at Collection Lambert, on the windows of the large room with archways and on the alcove walls in the small chapel of Hôtel de Caumont.

NIELE TORONI: The photographs you mention were hanging from some string in my studio. I figured it might be a good opportunity to show them. *(laughter)*

SI: There was something really joyful about that exhibition for me, to see those images from our past appear next to your new work.

YVON LAMBERT: Yes, in your show at Marian's it was very moving to see that you had worked on those images from Avignon twenty years ago, when we were just opening the museum with Éric Mézil.

SI: Let's go back even further. Tell me about the first time you two met.

NT: I met Yvon when he had his first Parisian gallery. What was it called?

YL: I used my name, of course! I opened a space on the Rive Gauche in 1964, on rue de Seine. I lived on quai de Conti at the time.

NT: You did some bizarre things there and it made me laugh.

YL: It's true; you came by the gallery often, sometimes to criticize what I was showing at the time. I should mention that I hadn't yet gotten involved in the avant-garde work that I later developed in my space on rue de l'Échaudé starting in 1967. But if you remember, I had already met Olivier Mosset and bought one of his first black circles on a white background in 1966. It's now part of the donation I made to the state.

NT: I met you with Clemente. I had a studio on rue Castagnary, in the 15th arrondissement of Paris. There were some bizarre studios above a series of garages. We all shared the same water access and toilets, located in the courtyard. But along with a few other artists who had no money, we were really happy to be there.

YL: Who was with you?

NT: Sam Szafran and Kudo to name a few, but I spent a lot of time with Clemente; not Francesco of course. We spoke Italian, which is my native language. One day, when we were talking, he told me he knew a nice gallery owner we could go chat with and who'd most likely offer us a whiskey. So he took me to Yvon's and Yvon, nice as always, offered me a whiskey. I went back once a month after that to talk and drink whiskey.

YL *(laughing)*: I had become the neighborhood bar for some of the artists! And I did have a very good whiskey back then. But to go back to how I met Niele, it was a real coincidence when you think about it.

SI: Had you already seen Niele's work?

YL: Absolutely not! He didn't show me any of the work he was doing at the time.

NT: That's true. I may have still been painting on my linoleums or I was barely starting to work on my imprints, or at least trying to find a way to show painting as it is and not as some anecdote that tells a story.

YL: We talked about art, of course, but not exclusively.

1-Cesare Pavese, "Atlantic Oil", in *Disaffections: Complete Poems 1930-1950*, trans. Geoffrey Brock (Port Townsend: Copper Canyon Press, 2002), p. 77.

à travailler sur l'empreinte, ou du moins sur le fait de trouver un moyen de montrer la peinture qui soit là comme telle et pas en tant qu'anecdote qui raconte une histoire.

YL : Nous parlions d'art bien sûr, mais pas seulement.

SI : Il faut attendre 1970 pour votre première collaboration. Nous avons d'ailleurs ici sur votre bureau un des cartons d'invitation au vernissage de l'exposition. Cela en fait du temps à parler avant que ne vienne l'idée de regarder le travail de Niele…

NT *(sortant de son sac le catalogue de l'exposition à la Villa Arson)* : J'ai justement pris mon vieux catalogue *20 ans d'empreintes*, car on y trouve toute ma vie d'artiste pendant vingt ans, de 1967 à 1987, et il y a de très belles images d'archives de mes collaborations avec Yvon durant cette période.

YL : L'exposition était magnifique. Je crois que je m'en souviendrai toute ma vie. J'étais allé la visiter avec ma mère et Dalmaz [Janine Dalmaz-Toroni était l'épouse de Niele Toroni] et cela reste un souvenir merveilleux.

SI : Je me souviens que Bernard Marcadé et vous, Niele, parlez de cette exposition dans l'interview réalisée pour le catalogue de votre exposition au CAPC de Bordeaux en 1997. Il vous demande si cela n'a pas été trop compliqué d'investir cet espace.

YL : L'espace était tordu en effet, mais tu t'en étais sorti brillamment. C'était une exposition magnifique.

NT *(tournant les pages du livre)* : Tiens, ma première exposition chez Yvon apparaît tout au début. C'est en 1970, du 3 au 10 mars.

YL : Nous avions décidé d'organiser une exposition en trois volets cette même année, avec à chaque fois une invitation particulière.

SI : Comment vous êtes-vous finalement décidé à soutenir le travail de Niele ?

NT : Tu avais vu les manifestations de 1966-1967, je m'en souviens.

SI : Les manifestations organisées par vous Niele, Daniel Buren, Olivier Mosset et Michel Parmentier ?

YL : Oui, c'est à ce moment-là que j'ai vraiment pu apprécier le travail de Niele. Je venais de quitter la rue de Seine et les artistes que j'y voyais, pour investir mon espace de la rue de l'Échaudé. Niele est réapparu à travers les œuvres qu'il présentait aux côtés de Buren, Mosset et Parmentier à l'occasion de leurs quatre manifestations. Par ailleurs, je connaissais bien Daniel Buren avec qui je travaillais à une première exposition particulièrement radicale qui serait inaugurée le 23 avril 1969. Sa proximité avec Niele m'a permis de renouer des liens et de lui proposer à lui aussi une collaboration qui s'est concrétisée par cette fameuse exposition en trois volets de 1970.

SI : Regarder la programmation de la galerie sur ces deux années (1969-1970) fait rêver. L'exposition de Niele est précédée notamment des premières expositions en France de Richard Long, Brice Marden, Robert Ryman et de la première exposition dans votre galerie de Daniel Buren. Suivra la première exposition de Sol LeWitt. Comment avez-vous perçu le travail de Niele au milieu de ces autres artistes ?

YL : Comme je le disais, c'est d'abord l'homme qui m'a plu, et je ne peux dissocier la personnalité de Niele de son travail. Le personnage m'amusait beaucoup. Il arrivait sans prévenir dans ma galerie avec Clemente et nous discutions pendant des heures. Il avait une telle désinvolture en parlant de l'art et des gens, alors que moi je découvrais le monde de l'art avec plus de retenue. Je l'ai aimé avant d'aimer son travail et j'ai été d'autant plus séduit en découvrant ses œuvres. Bien sûr, son travail/peinture et les différents protocoles liés à sa présentation bouleversaient toute une série de codes et de manières de faire qui m'ennuyaient profondément, et c'était donc très excitant. Mais surtout j'ai vu le travail de Niele comme un des plus beaux hommages à la peinture. J'ai tout de suite trouvé cela très émouvant. Regarder ces empreintes pour la première

SI: Your first collaboration didn't come until 1970. We actually have here on your desk one of the invitations for the opening of the exhibition. You sure did chat for a long time before the idea of taking a look at Niele's art came up…

NT *(taking the catalogue from the Villa Arson exhibition out of his bag)*: As a matter of fact, I brought my old catalogue, *20 ans d'empreintes*, because my whole life as an artist for twenty years is in here, from 1967 to 1987. And there are some great archive images of my collaborations with Yvon during that period.

YL: The exhibition was magnificent. I think I'll remember it all my life. I went to see it with my mother and Dalmaz (Janine Dalmaz-Toroni was Niele Toroni's wife) and it is still such a wonderful memory.

SI: I remember that Bernard Marcadé and you, Niele, talked about this exhibition in the interview you did for the catalogue of your 1997 exhibition at CAPC in Bordeaux. He asked if you had trouble taking ownership of that space.

YL: The space was tricky, indeed. But you did a brilliant job. It was a gorgeous exhibition.

NT *(turning the pages of the book)*: Here, my first show at Yvon's is at the beginning. It was in 1970, from March 3rd to 10th.

YL: We decided to organize an exhibition in three parts in the same year, with a different invitation for each part.

SI: How did you eventually decide to support Niele's work?

NT: You saw the *manifestations* in 1966-1967, I remember that.

SI: The interventions that you, Niele, organized with Daniel Buren, Olivier Mosset and Michel Parmentier?

YL: Yes, that's when I really was able to appreciate Niele's work. I had just left the rue de Seine gallery and the artists I worked with there to start my space on rue de l'Échaudé. Niele showed up again through the works he presented alongside Buren, Mosset and Parmentier for their four *manifestations*. As a matter of fact, I knew Daniel Buren well and was working on a particularly radical first exhibition with him that would open on April 23rd, 1969. His closeness with Niele gave me the chance to reconnect with him and offer him a collaboration as well. And what resulted was this infamous three-part exhibition in 1970.

SI: Seeing the gallery's program from those two years – 1969-1970 – it's a dream. Before Niele's exhibition, you had organized the first shows in France of Richard Long, Brice Marden, Robert Ryman as well as Daniel Buren's first exhibition in your gallery. And later came Sol LeWitt's first exhibition. How did you perceive Niele's work among these other artists?

YL: Like I said, it was the man I liked first, and I can't dissociate Niele's personality from his work. I found the character quite amusing. He would show up unexpected to my gallery with Clemente and we'd talk for hours. He had such nonchalance in the way he talked about art and people, whereas I had much more restraint in my exploration of the art world. I liked him before I liked his work and I was all the more convinced when I saw his work for the first time. Of course, his *travail/peinture* and the associated protocols in its presentation overthrew a whole series of codes and ways of doing things that I found incredibly annoying, and so it was very exciting. But above all, I saw Niele's work as one of the most beautiful tributes to painting. I immediately found it very moving. Looking at those imprints for the first time was like looking at painting in its purest form. I still think the same thing today.

SI: Daniel Buren even wrote that it was painting in its entirety. I've often thought that, through this type of reflection, there was a connection to be made with Robert Ryman, even if the gesture is very different. Especially in this almost dizzying obstinacy to want to make painting appear in its totality, stroke after stroke, with astounding humility. Jean Frémon wrote

fois, c'était comme regarder la peinture à l'état pur. Je le pense toujours aujourd'hui.

SI : Daniel Buren a même écrit que c'était la peinture dans sa totalité. Je me suis souvent dit qu'il y avait là, à travers ce type de réflexion, un lien à tisser avec Robert Ryman, même si le geste est très différent. Notamment dans cette obstination presque vertigineuse à vouloir faire apparaître la peinture dans sa totalité, touche après touche, avec une humilité sidérante. D'ailleurs, il y a une phrase écrite par Jean Frémon dans ses *Paradoxes de Robert Ryman* que je trouve tout aussi pertinente à propos du travail de Niele : "Une grande œuvre exerce autant d'influence sur le passé que sur l'avenir, elle modifie la lecture de ce qui la précède."

YL : C'est vrai.

NT : J'ai toujours apprécié Ryman, même si nous ne nous sommes que très peu parlé. J'ai souvent dit qu'il était pour moi le dernier des impressionnistes et que j'attendais avec impatience le jour où quelqu'un d'intelligent confronterait ses œuvres aux *Nymphéas* de Monet.

YL : Ce serait merveilleux. Puisque vous parlez de Ryman, chez qui j'aime beaucoup la notion de touche, il faut absolument parler de l'importance du terme même d'"empreinte" chez Niele, de la sensualité que le geste et le mot dégagent pour moi.

SI : C'est vrai qu'il y a, derrière ce qui peut de prime abord nous apparaître comme un geste mécanique, quelque chose de très organique et assurément sensuel, en définitive.

YL : Quand on regarde le travail de loin, c'est excitant de voir à quel point l'apparition de ces empreintes de peinture modifie d'abord considérablement l'espace…

NT : C'est en effet ce qui m'intéresse.

YL : Mais quand on s'approche, il y a une relation très intime qui se crée avec chaque empreinte. On découvre que chacune est en réalité différente des autres. On ressent le touché, l'intensité avec laquelle le pinceau a été appliqué, avec laquelle le corps s'est engagé. C'est cela que je trouve très sensuel. Je crois que je m'obstine toujours à rechercher cette sensualité, et je dois avouer que je la trouve à chaque fois.

NT : Je me souviens aussi que tu avais vu l'événement que j'avais organisé en 1969 rue Castagnary, où étaient présentées pendant toute une journée des empreintes sur toiles cirées visibles sur les portes des garages. C'était en réalité ma première exposition personnelle, même si ça n'était pas dans une galerie ou une institution publique, puisque c'était là où se situait mon atelier. Cela a beaucoup influencé nos décisions quant à l'exposition chez toi.

YL : Oui. C'est juste après que nous avons réalisé ta première exposition à la galerie, avec cette idée de la découper en trois événements et avec ce carton d'invitation si particulier sur lequel n'apparaissait jamais ton nom. C'est à souligner tant ce geste était radical.

NT *(lisant le catalogue d'exposition)* : Pour ma première exposition personnelle dans une galerie, à ma demande, la présentation du travail/peinture se fait en trois fois : du 3 au 10 mars 1970, du 21 au 28 avril 1970, du 1er au 10 juillet 1970. Chaque fois, la carte d'invitation est envoyée avec la nouvelle date ajoutée à la main. L'invitation ne comporte pas le nom de l'artiste, entre guillemets, et met l'accent sur le travail/peinture visible à la galerie. L'invitation anonyme, possible à l'époque (j'étais pratiquement inconnu), ne serait plus possible aujourd'hui.

YL : C'est un geste tellement important quand on y pense aujourd'hui.

SI : Oui c'est une déclaration d'intention très forte, et qui dit beaucoup de la révolution artistique en cours à cette époque et que la galerie d'Yvon accompagnait avec courage. Comment expliquez-vous ce choix aujourd'hui Niele ?

NT : Je me disais que cette exposition, ce n'était pas mon histoire personnelle et qu'il ne servait à rien d'inscrire mon nom. Ce que je donnais à voir, c'était de la peinture, certes faite par Toroni,

something in his book, *The Paradoxes of Robert Ryman*, that I find applies to Niele's work as well: "A great work exerts as much influence on the past as on the future, and it modifies the understanding of what came before it."

YL: That's true.

NT: I've always appreciated Ryman, even if we spoke very little. I've often said that, for me, he was the last of the impressionists and I couldn't wait for the day when someone intelligent would confront his works with Monet's *Water Lilies*.

YL: That would be wonderful. Since you're talking about Ryman, whose notion of the brushstroke I really admire, we absolutely have to talk about the importance of the term *imprint* for Niele, the sensuality that the gesture and the word evoke for me.

SI: You're right that behind what first appears to be a mechanical motion, there is something very organic and resolutely sensual, in fact.

YL: When you look at the work from a distance, it's exciting to see how the apparition of these painted imprints modifies the space so significantly...

NT: That is what interests me.

YL: But as you get closer, there's a very intimate relationship that forms with each imprint. You discover that each one is actually different than the others. You can sense the stroke, the intensity with which the brush was applied, the body was engaged. That's what I find so sensual. I think I insist on always looking for that sensuality. And I must admit, I find it each and every time.

NT: I also remember that you saw the event I organized in 1969 on rue Castagnary where imprints on oilcloth were shown for an entire day, visible on garage doors. That was actually my first solo show, even if it wasn't in a gallery or public institution, because that's where my studio was. It had a lot of influence on our decisions when we started organizing the exhibition at your gallery.

YL: Yes. Just after that we set up your first exhibition at the gallery with the idea of having three separate events and the very distinctive invitation we sent out where your name never appeared. Just to highlight how radical of a decision that was.

NT *(reading the exhibition catalogue)*: For my first solo exhibition in a gallery, on my request, the work/painting was to be presented in three parts: from March 3rd to 10th, 1970, April 21st to 28th, 1970 and July 1st to 10th, 1970. Each time, the invitation was sent out with the new date added by hand. The invitation did not include the quote-unquote artist's name, and focused on the work/painting visible at the gallery. The anonymous invitation, which was possible at the time (I was basically an unknown artist), would no longer be possible today, unfortunately.

YL: It was such an important act when you think about it now.

SI: Yes, it's a very strong declaration of intention, and it says a lot about the artistic revolution in progress at that time that Yvon courageously supported. How do you explain that choice today, Niele?

NT: I figured that the exhibition was not my personal business and there was no reason to write my name. What I was putting on display was painting, executed by Toroni, of course, but painting. I never tell my life story in my work like a lot of artists do. It's not my story or my lived experience. It doesn't matter what I did the day before, or the day before that.

I try to paint and show the essential of what painting is to me. It's like when I look at a *dripping* by Pollock, a black square on a white background by Malevitch, a Rothko, I couldn't care less about their personal lives. The same with Monet. I must have spent hours looking at the *Water Lilies* – which are the only works I appreciate by Monet – at the Orangerie. When you are standing there in the room where they are displayed, you are IN the painting. Knowing all the anecdotes of his life story holds absolutely no interest for me. No more than the subject of the *Water Lilies*.

Niele Toroni et Yvon Lambert, Paris, 1983

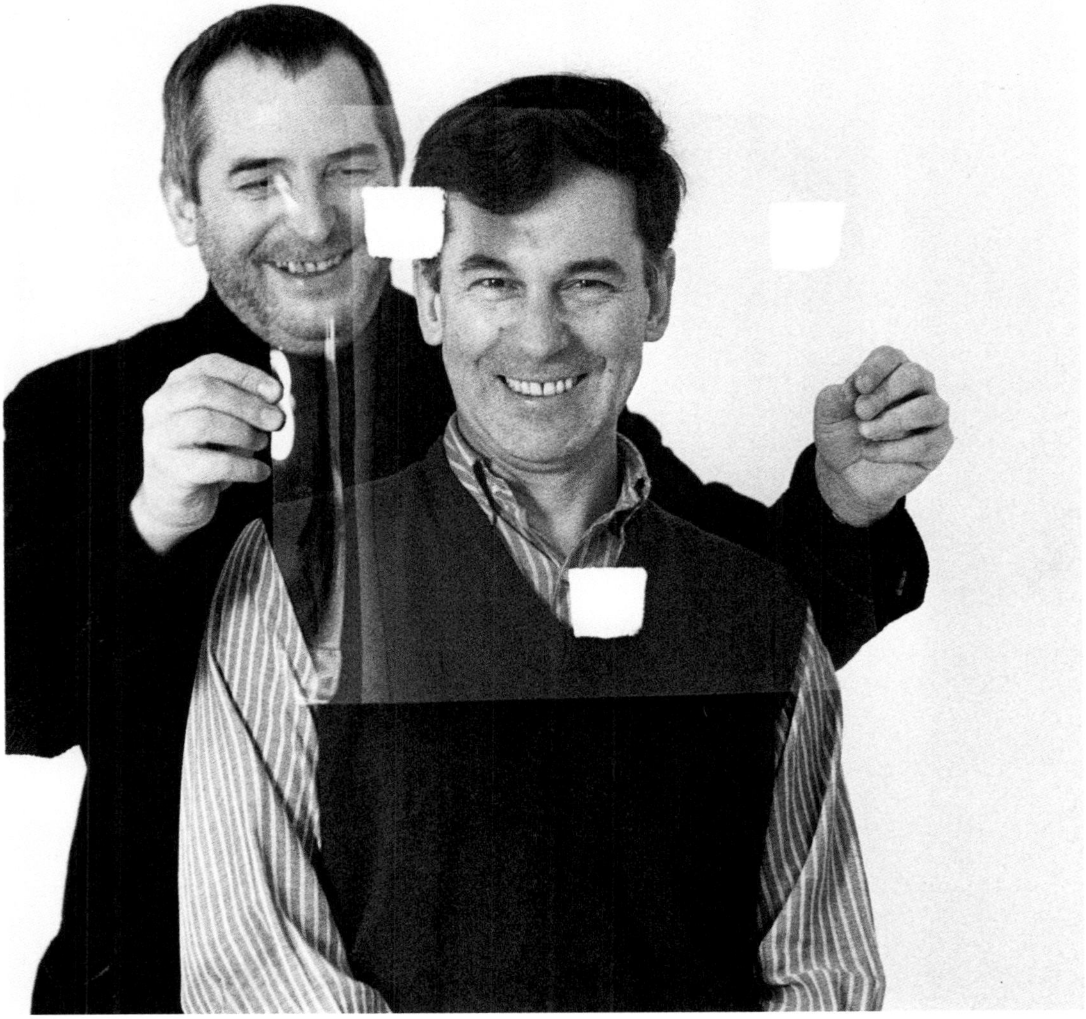

mais de la peinture. Je ne raconte jamais ma vie dans mon travail comme le font beaucoup d'artistes. Ça n'est pas mon histoire ni mon vécu. Peu importe ce que j'ai fait la veille ou l'avant-veille. J'essaie de peindre et de donner à voir l'essentiel de ce qu'est la peinture pour moi. De même que quand je regarde un *dripping* de Pollock, un carré noir sur fond blanc de Malevitch, un Rothko, je me fiche de connaître leur vie. Pareil avec Monet. J'ai dû passer des heures à regarder ses *Nymphéas* – qui sont les seules œuvres de lui que j'apprécie – à l'Orangerie. Quand tu te trouves dans la salle où ils sont présentés, tu es *dans* plus que le sujet des *Nymphéas*.

YL : Quand on pense qu'on doit tout cela à Clemenceau. Il faut rappeler que c'est lui qui a fait cette commande à son ami artiste. Sans cette relation, il n'y aurait pas eu de *Nymphéas* à l'Orangerie. Ils étaient tellement proches. J'ai toujours été très ému par leur relation. Tu sais qu'au moment de la mort de Monet, on a prévenu Clemenceau par télégraphe pour l'informer que son ami était mourant. Il est parti sur-le-champ depuis la Vendée où il se trouvait et n'arrêtait pas de demander à son chauffeur de rouler plus vite. Par chance il est arrivé à temps et Monet a pu mourir dans ses bras. Clemenceau a ensuite inauguré les *Nymphéas* sans lui.

NT : C'est vrai, oui. Mais ce qui m'intéresse par-dessus tout, c'est que quand il fait cette peinture, il te place dans la peinture. De même quand tu vas voir Giotto à la chapelle des Scrovegni à Padoue, tu vois la peinture et tu es dans la peinture. Et tu dois aussi te moquer de qui est Giotto.

SI : Ou Piero della Francesca…

NT : Oui. C'est pareil avec la peinture de Piero della Francesca à Arezzo. Même le thème abordé ne m'intéresse pas. Bien évidemment à cette époque l'œuvre était guidée par un thème – ici celui de la Croix. Mais la force de la peinture de della Francesca, c'est de dépasser le thème. Il y a un moment où il te fait voir de la peinture, où tu oublies le thème, l'anecdote. Or on en vient trop souvent à ce qui n'est en réalité que de l'anecdote. Et face à l'anecdote j'ai toujours eu envie de dire : peut-être que la peinture, c'est autre chose…

C'est pareil dans la musique. J'ai toujours aimé Thelonious Monk parce qu'il produisait des sons extraordinaires avec son piano, qui dépassaient la mélodie. Tout comme Maria Callas à l'opéra. Elle avait une voix si extraordinaire qu'elle dépassait les mots qu'elle chantait, qu'elle te faisait oublier les textes, qui sont souvent ridicules.

Quand j'étais encore instituteur en Suisse et que je peignais, moi aussi j'étais certainement dans l'anecdote. Je peignais les barques au bord du lac, j'essayais de dessiner un autostoppeur, je mettais deux bouteilles sur une table et j'essayais de les représenter, et je faisais tout cela plus ou moins bien. C'est à force de travailler que j'ai vraiment développé mon travail et que ce que je faisais est devenu de la peinture. J'allais par exemple au Louvre voir la *Bataille de San Romano* d'Uccello. Je copiais le cheval sur un carton, puis je le découpais et je le plaçais sur absolument tout et n'importe quoi, des peintures abstraites ou figuratives, et je disais au cheval : "Attaque !" Et ça, c'était pour moi le début de la peinture. Il fallait attaquer toutes ces choses médiocres, abstraites ou figuratives, que l'on pouvait faire. À tort ou à raison, mais c'était mon idée.

SI : Si l'on regarde les images des trois projets présentés en 1970, on voit bien que si les empreintes sont déjà toutes réalisées avec le même pinceau n° 50 et systématiquement espacées de 30 cm, elles investissent déjà différents supports et habitent l'espace de trois façons différentes.

NT : Oui. Pour la première présentation, nous avions montré une série de toiles cirées accrochées au mur, qui étaient en réalité celles de la rue Castagnary. Dans la deuxième, les empreintes étaient réalisées sur toile et sur toile cirée. Une d'elles se déployait depuis le mur jusque sur le sol, qu'elle recouvrait en partie.

YL : Et dans la troisième, il y avait uniquement cette très grande toile cirée accrochée au mur du fond et qui courait sur presque toute la longueur du sol de la galerie.

SI : Comment vous est venue l'idée d'utiliser de si grandes toiles cirées ?

YL: And to think we owe all of that to Clemenceau. You have to remember that he's the one who commissioned his artist friend for those paintings. Without their friendship, there would be no *Water Lilies* at the Orangerie. They were so close. I've always been very moved by their relationship. You know that when Monet was dying, they sent a telegraph to Clemenceau to let him know his friend was on his death bed. He was in the Vendée and he left immediately. He kept asking his driver to go faster. Luckily, he arrived in time and Monet died in his arms. Clemenceau later unveiled the *Water Lilies* without him.

NT: Yes, that's right. But what interests me more than anything is that when he did that painting, he put you IN the painting. It's like when you go to see Giotto's work in the Scrovegni chapel in Padua. You see the painting and you are in the painting. And you don't really care who Giotto is.

SI: Or Piero della Francesca…

NT: Yes. The same is true with Piero della Francesca's painting in Arezzo. Even the theme is of no interest to me. Of course, at that time the work was guided by a theme – in this case the cross. But the force of della Francesca's painting is that it goes beyond the theme. There's a moment where he makes you see the painting and you forget the theme, the anecdote. Yet we're too often brought back to what is simply an anecdote. And when I'm faced with an anecdote, I've always wanted to say: maybe painting is something else…

The same is true with music. I've always liked Thelonious Monk because he produced extraordinary sounds with his piano that went beyond the melody. Just like Maria Callas in opera. She had a voice so extraordinary that it went further than the words she sang, it made you forget the texts, which were often ridiculous.

When I was still a teacher in Switzerland and I was painting, I surely fell prey to anecdotes as well. I painted boats at the edge of a lake, I tried to draw a hitchhiker, I put two bottles on a table and tried to represent them and I did not necessarily do these things well, either. But it was as I practiced that I really developed my work and what I was doing became painting. I went to the Louvre to see Uccello's *Battle of San Romano*, for example. I copied the horse on a card, then I cut it out and put it everywhere and anywhere, abstract or figurative paintings. And I said to the horse: "attack!" And for me, that was the start of painting. I needed to attack all of the mediocrity, the abstract or figurative that was being done. I'm not sure if it was right or wrong, but that was the idea.

SI: When you look at the images from the three projects exhibited in 1970, it's clear that while the imprints are made with the same No. 50 paintbrush and systematically spaced 30 cm apart, they are applied to different supports and inhabit the space in three different ways.

NT: Yes. For the first representation, we showed a series of oilcloths hung on the wall, which were actually the ones from rue Castagnary. In the second show, the prints were on canvas and oilcloth. One of them was unfurled from the wall all the way to the floor, partly covering it.

YL: And in the third, there was just this very large oilcloth hanging on the wall at the back, almost running along the entire length of the gallery floor.

SI: How did you get the idea to use such large oilcloths?

NT: At the time, my wife was the director of a special education institute in Poissy. I didn't have a studio on rue Castagnary anymore and I could join her Saturday night because the kids left; it was a day school. So I had a lot of room to work. I bought these large oilcloths and on Saturday starting at 6pm, I would unroll them in the hall and mark them with my level and compass. I'd finish the operation around midnight. If I was still feeling up to it, I'd start to paint. I'd unroll one line, then the next… And Sunday night, I'd go home with my 15 to 20 meters of painted imprints. When I wanted to show them for an exhibition, all I had to do was take a fishing rod tube to transport them. Depending on the space available, I'd cut off part to hang it on the walls,

NT : À l'époque, ma femme dirigeait un institut médico-pédagogique à Poissy. Je n'avais plus d'atelier rue Castagnary, et je pouvais la rejoindre le samedi soir car les enfants n'y étaient pas ; c'était un externat. Je disposais alors d'une place considérable pour travailler. J'achetais de grandes toiles cirées, et le samedi à partir de 18 heures, je les déroulais dans le couloir, les marquais à l'aide de mon niveau et de mon compas. Je terminais l'opération vers minuit. Si j'étais encore en forme, je commençais à peindre. Je déroulais une ligne, puis l'autre… Et le dimanche soir, j'avais chez moi mes 15 à 20 mètres de peintures d'empreintes. Quand je voulais les présenter pour une exposition, il me suffisait de prendre un rouleau de canne à pêche pour les transporter. Selon l'espace disponible, j'en découpais une partie pour les accrocher aux murs, et certains restaient sur des rouleaux. Je pouvais me permettre d'en faire ce que je voulais. Ce qui comptait, c'était comment déployer mon travail dans l'espace.

SI : Pour ce qui est du choix des 30 cm d'écart entre chaque empreinte, j'ai lu que cela vous était venu de manière presque instinctive.

NT : Je tâtonnais au départ et remplissais l'espace sur lequel je peignais plus ou moins d'empreintes. Il fallait qu'il y ait une certaine cohérence. Il y en avait parfois trop peu à mon goût, parfois trop, et ça devenait complètement informel car je n'arrivais pas à être toujours droit. Alors je découpais ou je jetais, c'était selon. Les tentatives qui me convenaient étaient très similaires. En prenant une règle pour mesurer, je me suis rendu compte que l'écart était toujours entre 27 et 32 cm. J'ai décidé que ce serait entre les deux : 30 cm. Je me suis imposé de marquer cette mesure avant de peindre. Comme ça, j'arrivais à une sorte de neutralité. C'est-à-dire qu'entre le peint et le non peint – ou même si le fond est peint, entre l'intervention et le reste – il y a cette neutralité qui se crée et que je voulais faire exister pour qu'il ne reste plus que la peinture.

SI : En vous écoutant – ainsi qu'en écoutant Yvon et certains des artistes de votre génération –, on se rend compte qu'il y a une part de tâtonnement, de recherche et d'instinct très importante dans votre démarche. Des œuvres qui témoignent d'un positionnement très fort d'un point de vue conceptuel, dont l'énoncé ou le protocole qui les nourrit nous apparaît de manière presque autoritaire, sont aussi le fruit de l'improvisation, du ressenti.

NT : C'est vrai, je suis tout à fait d'accord. Dans mon cas, cela provient surtout du fait que mon geste – des empreintes de pinceau n° 50 à intervalles réguliers de 30 cm – est toujours mis en situation. C'est quand il est mis en situation que la part d'instinct intervient le plus. Cela provient certainement du fait qu'au départ je n'avais pas assez d'argent pour m'acheter des toiles cirées ou des toiles sur châssis en quantité, pour les stocker et les transporter. Alors j'ai décidé de répondre aux invitations que me lançaient les commissaires d'exposition en disant : "Vous m'invitez à participer, et bien je viens et on verra bien."

De là est né mon intérêt pour ce qu'on appelle les angles morts. Comme les autres artistes s'étaient déjà vu attribuer un espace correspondant aux dimensions de leurs œuvres, il ne me restait souvent qu'un couloir, un angle ou un petit cabinet. Je demandais par exemple une échelle et je cherchais un endroit différent à investir. J'aimais l'idée de montrer que la peinture, ce n'est pas seulement regarder une toile accrochée sur un mur en face de soi. Ensuite, les autres artistes se montraient parfois jaloux et me demandaient pourquoi on m'avait attribué l'espace le plus intéressant.

SI : Qu'est-ce qui vous guide quand vous vous trouvez dans un espace encore vierge ?

NT : Je cherche toujours un moyen de révéler l'espace, son architecture. Par exemple, l'intervention à Avignon sur les murs encadrant la fenêtre était une manière de rappeler la Renaissance italienne, que nous aimons beaucoup avec Yvon. Ça peut venir aussi d'une envie de dialoguer avec l'usage qu'on a d'un lieu. Ça peut m'arriver de me trouver chez un collectionneur qui veut que je réalise un travail. Il attend certainement que je fasse quelque chose dans son salon. Mais – et je pense à quelqu'un que je

and some of them remained in the tubes. I could do what I wanted with them. What mattered was the way my work was deployed in the space.

SI: For the fact that you chose 30 cm intervals between each imprint, I read that it was basically an instinctive choice.

NT: I was feeling it out at the beginning and filling the space I was painting with more or fewer imprints. There needed to be a certain coherence. Sometimes I felt like there weren't enough, sometimes too many, and it became completely informal because I couldn't always keep them straight. So I'd make cuts or throw parts away, depending.

The attempts I liked were very similar. By using a ruler to measure, I realized that the interval was always between 27 and 32 cm. I decided it would be right in the middle: 30 cm. I imposed it upon myself to mark these measurements before painting. That way I would reach some sort of neutrality. Meaning that between the painted and unpainted – or even if the background is painted, between the act and the rest – there is a neutrality that is created and that I wanted to bring into existence so that the painting was all that was left.

SI: Listening to you – and to Yvon and some of the artists of your generation – you realize that there's this feeling out, a searching and instinct that is very important in your approach. Works that bear witness to a very strong position from a conceptual point of view, where the statement or the protocol behind them appears almost authoritarian, these works are also the fruit of improvisation and feeling.

NT: That's right, I totally agree. In my case, it mostly comes from the fact that my gesture – imprints of a No. 50 paintbrush repeated at regular intervals of 30 cm – is always placed in a context. It's when the painting is put into a situation that improvisation comes into play the most. This probably comes from the fact that, at the beginning, I didn't have enough money to buy lots of oilcloth or stretched canvases, to store them or transport them. So I decided to answer invitations from curators by saying: you are inviting me to participate, fine I'll come and we'll see. That's where my interest for what we call blind spots was born. Since the other artists already had space assigned to them, according to the dimensions of their works, all that was left for me was often a hallway, a corner or a small space somewhere. For example, I would ask for a ladder and I'd look for a different spot to inhabit. I liked the idea of showing people that painting is not only looking at a canvas hung on a wall right in front of you. Then the other artists were sometimes jealous and asked why I got the most interesting space.

SI: What guides you when you find yourself in a space that is still empty?

NT: I always look for a way to reveal the space, its architecture. For example, the installation in Avignon on the walls framing the window was a way to echo the Italian Renaissance, which Yvon and I both love. It can also come from a desire to dialogue with the use we may have of a space. I might be at a collector's house who wants to commission something. He most likely wants me to do something in the formal living room. But – and I'm thinking of someone I know well – the more I spend time with him and go to his house, the more I realize that we spend all our time in the kitchen, which is more unassuming. So that's where I'll decide to work. We aren't obligated to exclusively do "drawing" room art, after all. *(laughter)*

YL: There is so often a humorous undercurrent to your work, in fact. You often want to have fun. Just this summer, I was at a friend's that you did a piece for. She showed me the imprints you painted on a door. She told me – and it really made me laugh – that you wanted to work on the door so that she could take it with her if she ever separated from her husband.

I really like that humor; it's not that common in the art world.

SI: Especially for such demanding and ambitious work.

NT: Also, Yvon, in the example you mention, it was the door that led to the basement…

connais bien – à force de le fréquenter et d'aller chez lui, je me rends compte que c'est dans la cuisine que nous passons notre temps. Alors c'est là que je décide de travailler. On n'est quand même pas obligé de ne faire que de la "peinture de salon". *(Rires.)*

YL : Il y a quand même très souvent une base humoristique dans ton travail. Tu veux souvent t'amuser. D'ailleurs cet été, j'étais chez une amie pour qui tu as réalisé une œuvre. Elle me montre les empreintes qui avaient été peintes sur une porte. Elle me raconte – et cela m'a fait beaucoup rire – que tu avais voulu travailler sur cette porte pour qu'elle puisse l'emporter si jamais elle se séparait de son mari. J'aime beaucoup cet humour, qui n'est pas si courant dans le monde de l'art.

SI : Surtout pour un travail si exigeant et ambitieux.

NT : En plus, dans l'exemple dont tu parles, Yvon, c'était la porte qui menait à la cave…

SI : Je me souviens que vous étiez même intervenu sur le compteur électrique au Swiss Institute de New York, en 2015.

NT : En effet, j'avais beaucoup aimé intervenir là. Je crois que ce que j'aime réellement, c'est de ne jamais me sentir limité. Que celui qui regarde ne se sente pas limité non plus.

SI : C'est vrai que votre geste est réalisable à l'infini, sur une infinité de supports, de lieux et d'espaces, alors même qu'il consiste en un seul et même énoncé : des empreintes de pinceau n° 50 à intervalles de 30 cm.

NT : C'est pourquoi j'ai aussi pu avoir envie de déborder de la toile à certains moments. On croit alors voir le début de quelque chose qui pourrait continuer…

SI : Si l'on se replace dans le contexte des années 1960, vous étiez clairement en réaction face à une certaine manière de faire de l'art à Paris à cette époque.

NT : Oui. Quand je suis arrivé à Paris en 1959, ce fut la déception totale. Les grands peintres français ne m'intéressaient pas.

YL : C'était encore l'École de Paris…

NT : Tous faisaient cette peinture abstracto-lyrique à la française qui ne me plaisait pas du tout. Avec Buren, Parmentier et Mosset, puis plus tard avec les artistes de la galerie d'Yvon, j'ai trouvé une vraie proximité. Car Yvon lui aussi, en tant que galeriste, s'opposait à tout cela. Et ils n'étaient pas tant que cela à suivre ce chemin. Il était un des seuls à avoir le courage de montrer les *wall drawings* en noir et blanc de Sol LeWitt, les peintures blanches de Ryman, plus tard le trou creusé dans le sol par Gordon Matta-Clark ou encore le travail de Jan Dibbets sur les ombres, et mes empreintes bien sûr. Et Cy Twombly aussi, même si Twombly était plus vieux et déjà célèbre.

YL : Pas tant que ça encore, en tout cas pas en France.

NT : Ce que j'aimais aussi chez Yvon, c'est que ce n'était pas un gars qui te disait : "Je suis plein de diplômes, j'ai étudié l'art et telle et telle chose." Il avait travaillé jeune et ouvert sa propre galerie. Il avait travaillé directement avec la peinture, à ses côtés, plus qu'il ne l'avait étudiée. Surtout il prenait des positions et cela me plaisait, même si nous n'étions pas toujours d'accord. Je me souviens t'avoir beaucoup parlé de l'Arte Povera à un moment où je commençais à participer à des expositions à l'étranger et notamment en Italie. Je rencontrais des artistes comme Mario Merz, Giovanni Anselmo, qui n'avaient jamais eu d'expositions personnelles. On passait beaucoup de temps ensemble dans les expositions où on était invités et dans les bars. Je les trouvais très sympathiques et intéressants mais tu as toujours refusé de les exposer.

YL : C'est vrai que je n'ai jamais été intéressé par ces artistes et je n'ai pas souhaité les exposer dans ma galerie. Le seul artiste italien avec lequel je travaillais à cette époque et qui a été parfois injustement rattaché à l'Arte Povera était Giulio Paolini.

SI: I remember that you even worked on the electric meter at the Swiss Institute of New York in 2015.

NT: That's right, I really liked working there. I think what I truly like is never feeling restricted. And for the observer to feel unrestricted as well.

SI: Your gesture really can be executed to infinity, on an infinite number of supports, in any place and space, even as it consists in one single statement: imprints of a No. 50 paintbrush repeated at regular intervals of 30 cm.

NT: That's why I also may have wanted to expand past the edges of the canvas at times. You think you're seeing the beginning of something that could continue…

SI: If we put ourselves in the context of the 1960s, you were clearly reacting to a certain way of making art in Paris at that time.

NT: Yes. When I arrived in Paris in 1959, it was a total disappointment. I was not interested in the great French painters.

YL: It was still the École de Paris...

NT: All of them were making abstract-lyrical paintings in the French style and I didn't like it at all. With Buren, Parmentier and Mosset, then later with artists from Yvon's gallery, I found a true closeness. Because Yvon too, as a gallerist, was in opposition to all of that. And there weren't many going down that path. He was one of the only ones who had the courage to show Sol LeWitt's *Wall Drawings* in black and white, Ryman's white paintings, later the hole dug in the floor by Gordon Matta-Clark or even Jan Dibbets' work on shadows, and my imprints of course. And Cy Twombly too, though Twombly was older and already famous.

YL: Not yet really, at least not in France.

NT: What I also liked about Yvon, is that he wasn't a guy who said "I have tons of degrees, I studied art and this and that." He had worked when he was younger and opened his own gallery. He had worked with painting directly, alongside it, more than he had studied it. Most importantly, he took sides and I liked that, even if we weren't always in agreement. I remember talking a lot with you about Arte Povera at a time when I was starting to participate in exhibitions abroad, notably in Italy. I was meeting artists like Mario Merz, Giovanni Anselmo who had never had solo shows. We spent a lot of time together at exhibitions we'd been invited to and in bars. I thought they were very nice and interesting, but you always refused to show their work.

YL: Yes, I was never interested in those artists and I didn't want to show their work in my gallery. The only Italian artist I worked with at the time, and who was sometimes wrongly associated with Arte Povera, was Giulio Paolini.

NT: You're right; he has nothing to do with Arte Povera.

YL: We still talk and write to each other often. He's such an intellectual, so sophisticated!

NT: I liked knowing that Yvon could have very strong opinions. However, I was so happy that you agreed to show Marcel Broodthaers when I introduced you to him.

YL: Ah, Broodthaers! I loved his work from the first moment I saw it!

NT: You also took a very strong position by our side, your artists, when you held your *Actualité d'un bilan (A Current Survey)* exhibition in 1972. You were spending time with the Minister of Culture at the time, Michel Guy, and there was talk of you being invited to hold an exhibition featuring artists from your gallery, with the blessing of the Ministry, in a place that they would provide.

But with Daniel Buren and others, we were very politically active and we feared that the event would be exploited by the political powers in place. So we asked you to do the exhibition, but on your own, without help from the government. You had to tell the Minister you refused his offer, that you'd do the exhibition by

NT : Tu as raison, il n'a rien à faire dans l'Arte Povera.

YL : Nous nous parlons et nous écrivons encore souvent. Il est si intellectuel, si raffiné !

NT : J'aimais savoir qu'Yvon pouvait avoir des positions très tranchées. En revanche, j'ai été très content que tu acceptes d'exposer Marcel Broodthaers quand je te l'ai présenté.

YL : Ah, Broodthaers ! J'ai aimé son travail dès le premier instant !

NT : Tu t'étais aussi engagé très fortement à nos côtés, nous tes artistes, à l'occasion de ton exposition "Actualité d'un bilan" en 1972. Tu fréquentais à cette époque le ministre de la Culture, Michel Guy, et il était question que tu sois invité à réaliser une exposition autour des artistes de ta galerie, avec la bénédiction du ministère dans un lieu qu'ils te mettaient à disposition. Mais avec Daniel Buren et d'autres, nous étions très engagés politiquement et nous craignions que l'événement ne soit en fait récupéré par le pouvoir politique en place. Alors nous t'avons demandé de faire cette exposition, mais seul, sans l'aide du gouvernement. Tu as dû dire au ministre que tu refusais sa proposition, que tu ferais l'exposition seul avec tes artistes. Tu as trouvé un endroit et tu l'as fait !

YL : C'est vrai, c'est à ce moment-là que nous avons réalisé l'exposition "Actualité d'un bilan", qui revenait sur mes cinq premières années de galeriste. Il y avait dans l'exposition tous ceux qui avaient exposé dans ma galerie entre 1967 et 1972. Daniel Buren avait même demandé à Michel Claura d'assurer le commissariat.

NT : C'était rue du Paradis. Tu avais trouvé avec Michel Claura un local commercial. Je me souviens encore de l'escalier emballé par Christo. L'exposition était non seulement très importante mais magnifique. C'était l'une des plus belles expositions qu'on ait vues à Paris à l'époque. Elle avait eu beaucoup de succès.

YL : La première édition d'artistes que nous avons produite pour la Collection Lambert en 2000 est d'ailleurs celle réalisée par Christo, et c'est un dessin de ce projet d'escalier.

NT : Il n'y en avait vraiment pas cinquante qui pouvaient faire ce qu'a fait Yvon avec nous à ce moment-là. C'est ça qui m'a toujours plu.

YL : Ton amour pour la littérature et la poésie italienne nous a aussi souvent rapprochés, notamment Giacomo Leopardi, Carlo Levi ou Cesare Pavese. Il y en a tant, et beaucoup étaient très engagés contre le fascisme.

NT : Bien sûr, Pavese ! *Verrà la morte e avrà i tuoi occhi.*

Ses textes m'ont beaucoup accompagné. Celui-ci particulièrement car j'aime son ambiguïté.

YL : Tu partages avec Pavese non seulement la poésie, mais aussi un engagement politique très fort. D'ailleurs, il y a un moment dont je me souviendrai toujours. Nous étions tous les deux dans mon bureau, au 108, rue Vieille-du-Temple. Nous préparions une exposition. Je ne sais plus pour quelle raison, nous avions commencé à chanter le *Chant des partisans* et nous nous étions pris dans les bras, en pleurant.

Nous pourrions l'écouter ?…

Ami, entends-tu le vol noir des corbeaux sur nos plaines
Ami, entends-tu les cris sourds du pays qu'on enchaîne
Ohé, partisans, ouvriers et paysans c'est l'alarme
Ce soir l'ennemi connaîtra le prix du sang et des larmes.

yourself with your artists. You found a location and you did it.

YL: That's right, that's when we held the *Actualité d'un bilan* show, which was a survey of my first five years as a gallery owner. All of the artists who had shown at my gallery from 1967 to 1972 were included in the show. Daniel Buren even asked Michel Claura to curate.

NT: It was on rue du Paradis. You and Michel Claura had found a commercial space. I still remember Christo's wrapped staircase. The exhibition was not only very significant, it was magnificent. It was one of the most beautiful shows anyone had seen in Paris at the time. It was a great success.

YL: The first series of prints we did for the Collection Lambert in 2000 was one by Christo and it's actually a drawing of that staircase project.

NT: Not many people could have done what Yvon did with us at that time. That's what I've always liked about him.

YL: Your love of literature and Italian poetry also brought us closer, especially Giacomo Leopardi, Carlo Levi or Cesare Pavese. There are so many, and a lot of them were very active in the fight against fascism.

NT: Pavese, of course! *Verrà la morte e avrà I tuoi occhi.*

His texts really stuck with me. That one in particular, because I love the ambiguity.

YL: You not only share poetry with Pavese, but also very strong political convictions. There's a moment I'll always remember. We were both in my office at 108, rue Vieille-du-Temple. We were preparing an exhibition. I don't know why, but we'd started singing the "Chant des Partisans" and we hugged, both of us in tears.

Could we listen to it now? ...

Ami, entends-tu le vol noir des corbeaux sur nos plaines
Ami, entends-tu les cris sourds du pays qu'on enchaîne
Ohé, partisans, ouvriers et paysans c'est l'alarme
Ce soir l'ennemi connaîtra le prix du sang et des larmes.

Empreintes de pinceau n° 50 répétées à intervalles réguliers (30 cm), 1967, peinture glycérophtalique sur toile

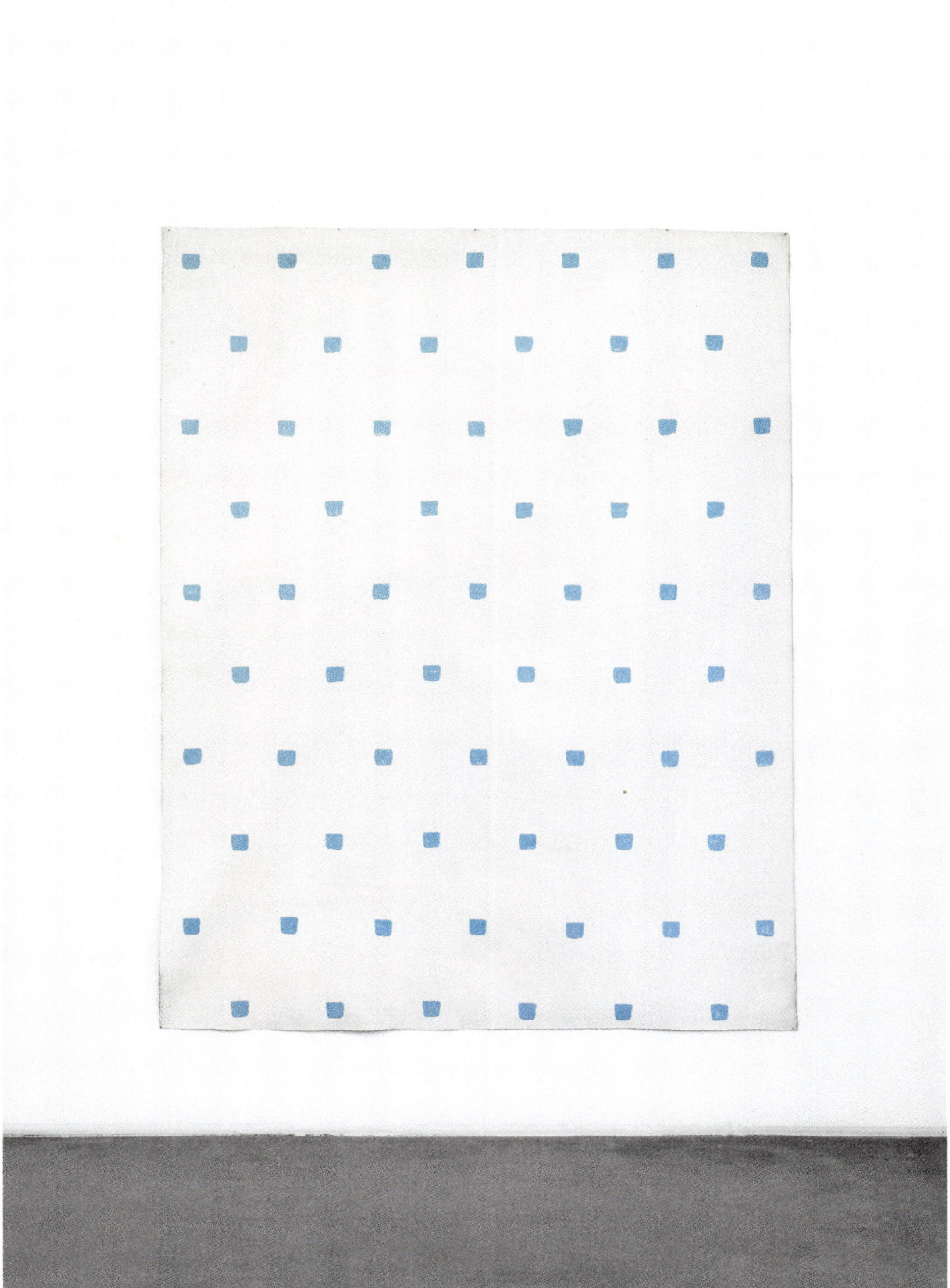

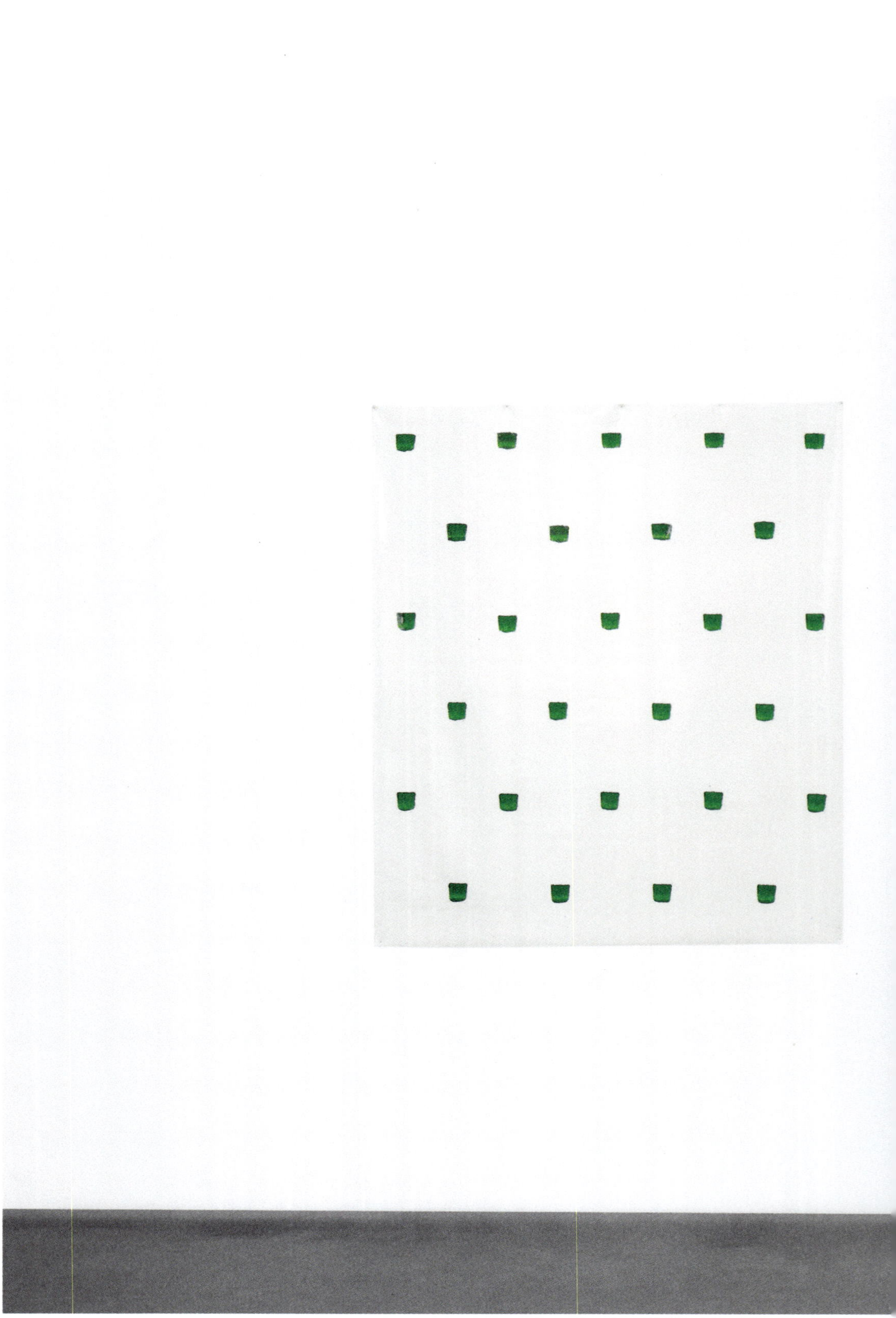

Empreintes de pinceau n° 50 répétées à intervalles réguliers (30 cm), avril 1970, peinture sur toile cirée
Empreintes de pinceau n° 50 répétées à intervalles réguliers (30 cm), 1997, peinture sur bois

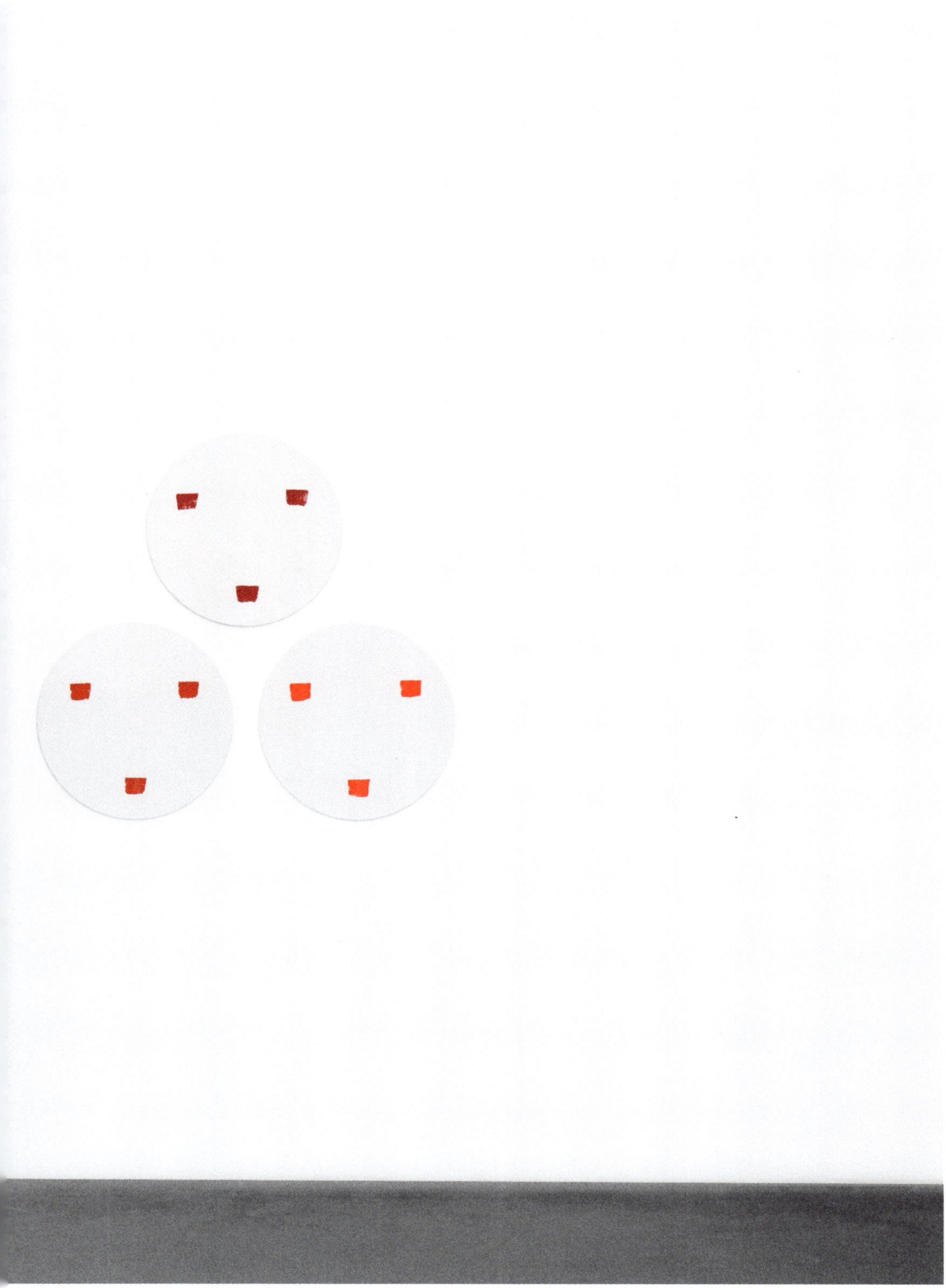

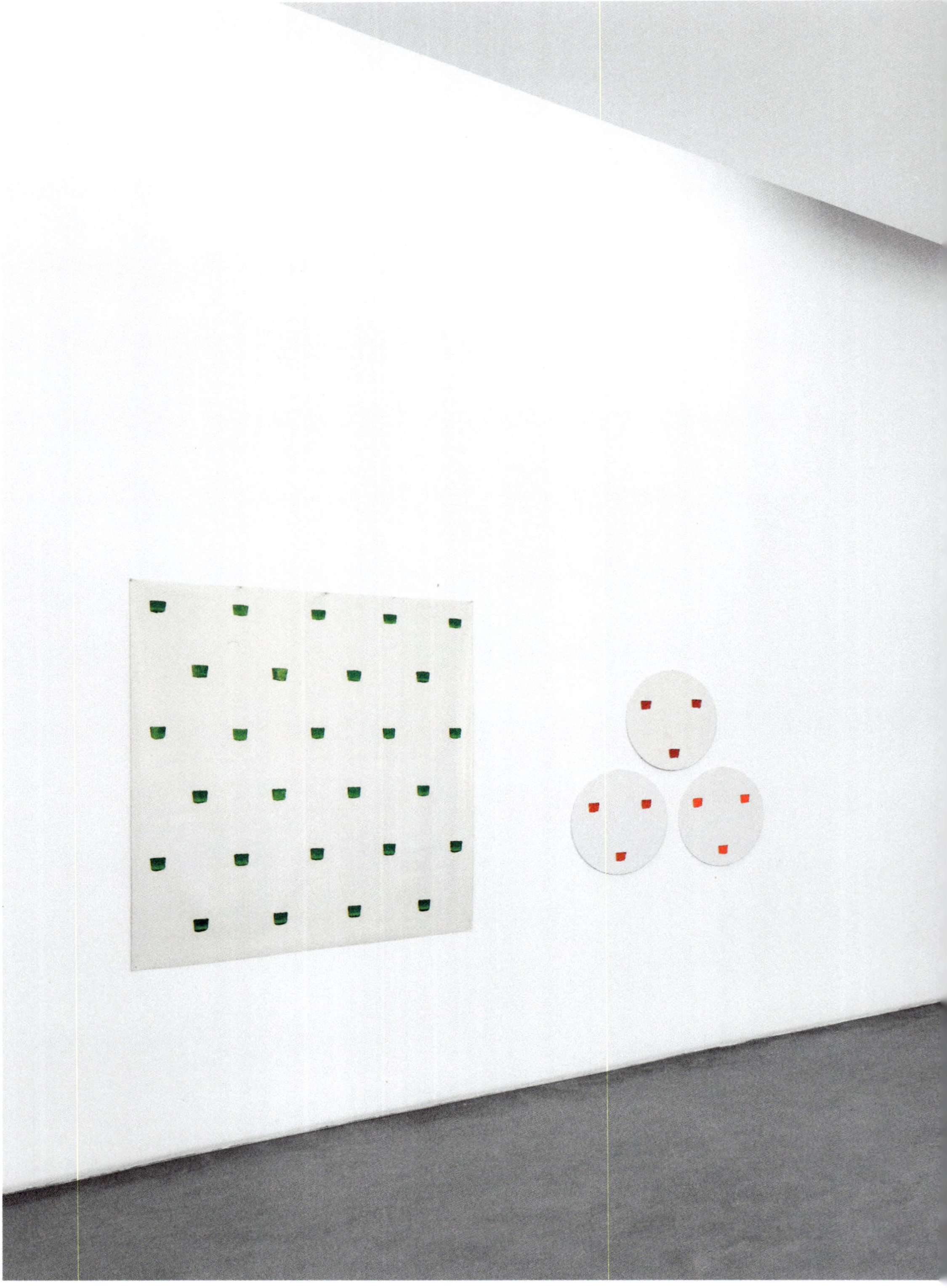

Empreintes de pinceau n° 50 répétées à intervalles réguliers (30 cm), avril 1970, peinture sur toile cirée
Empreintes de pinceau n° 50 répétées à intervalles réguliers (30 cm), 1997, peinture sur bois
Empreintes de pinceau n° 50 répétées à intervalles réguliers (30 cm), 1967, peinture glycérophtalique sur toile

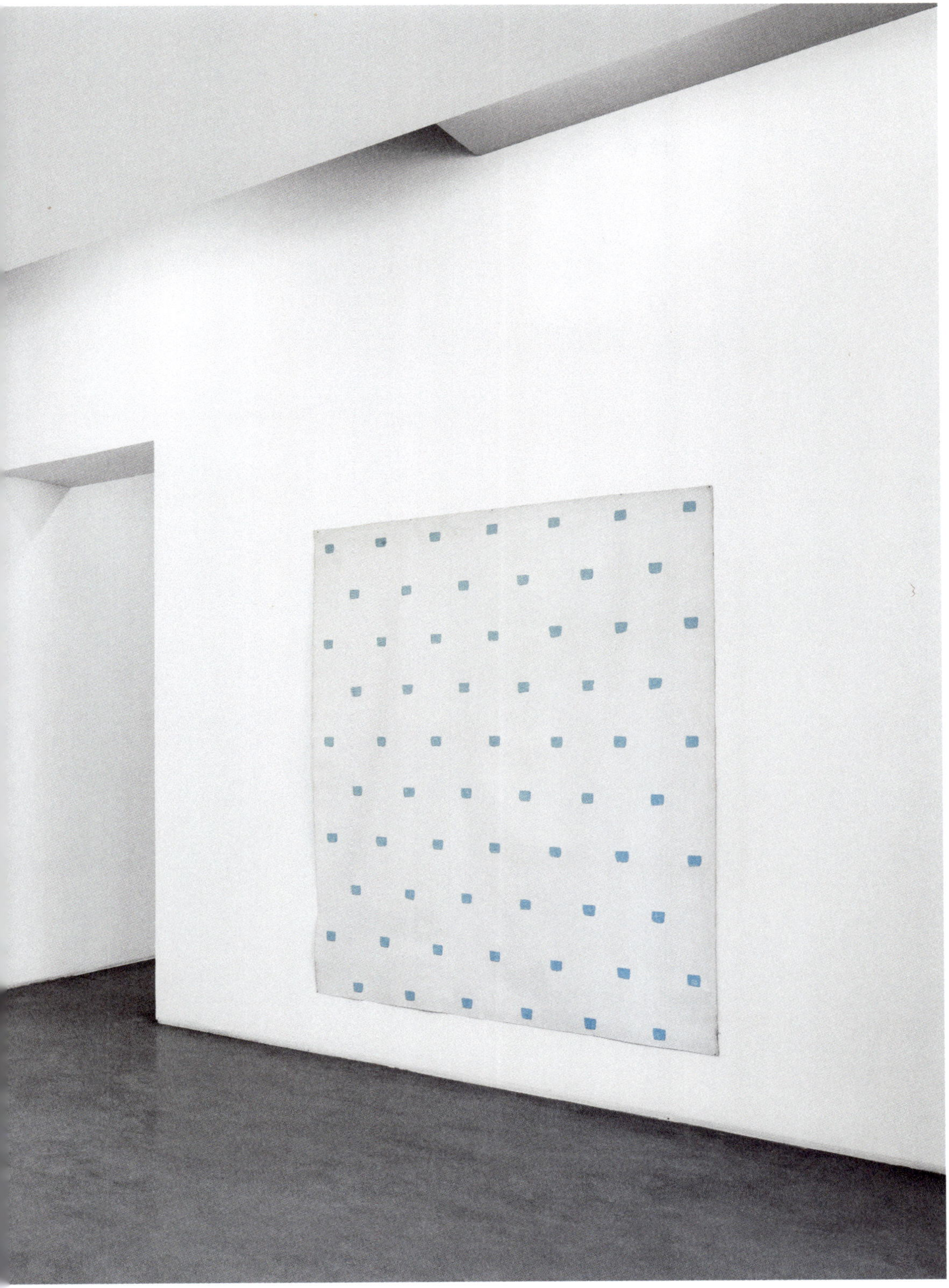

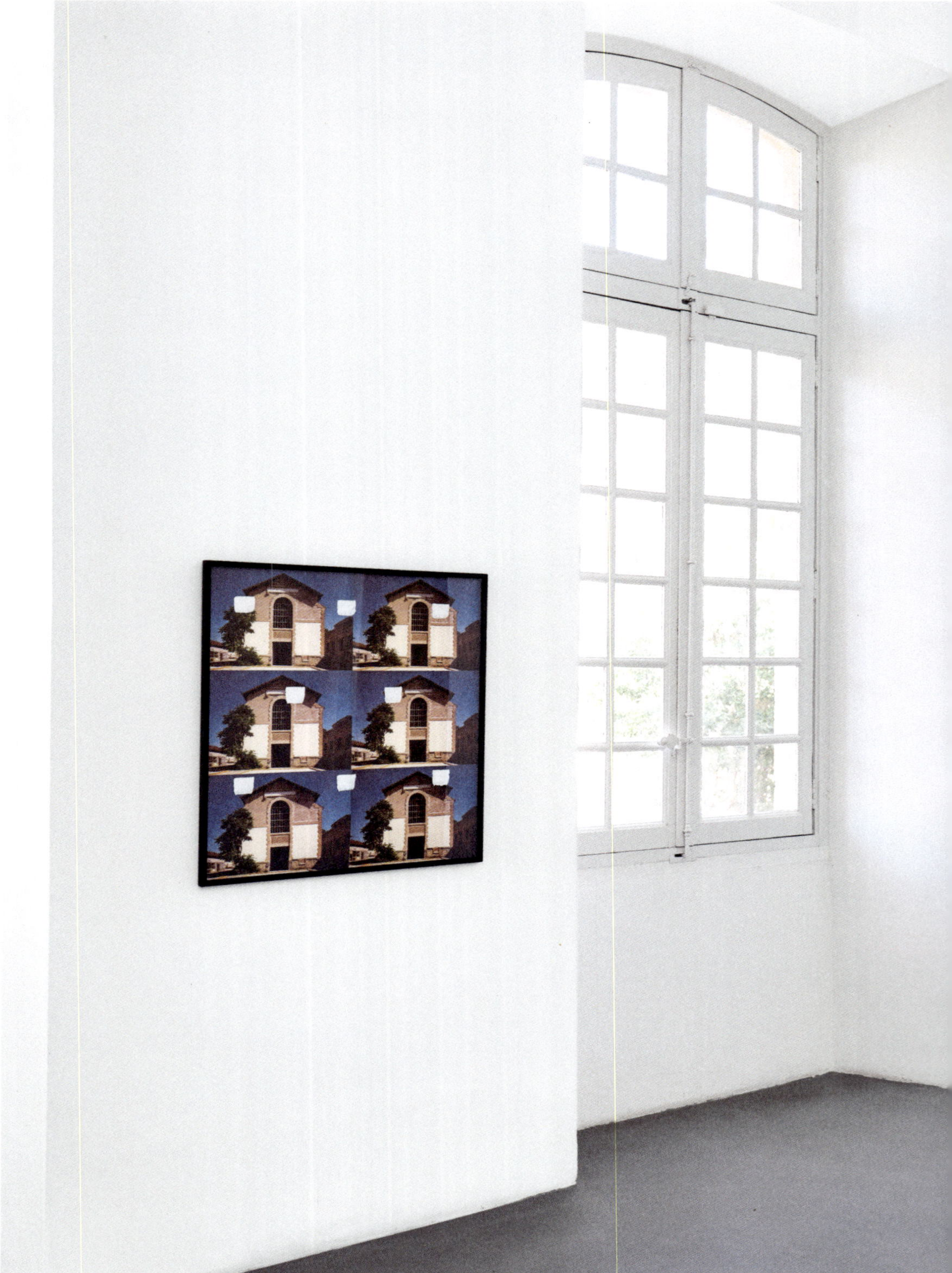

Empreintes de pinceau n° 50 répétées à intervalles réguliers (30 cm), 2000, œuvre réalisée au Clos des Trams à Avignon à l'occasion de "La Beauté in Fabula" en 2000, peinture sur papier imprimé
Toroni au tableau !, 2012, acrylique sur tableau d'écolier

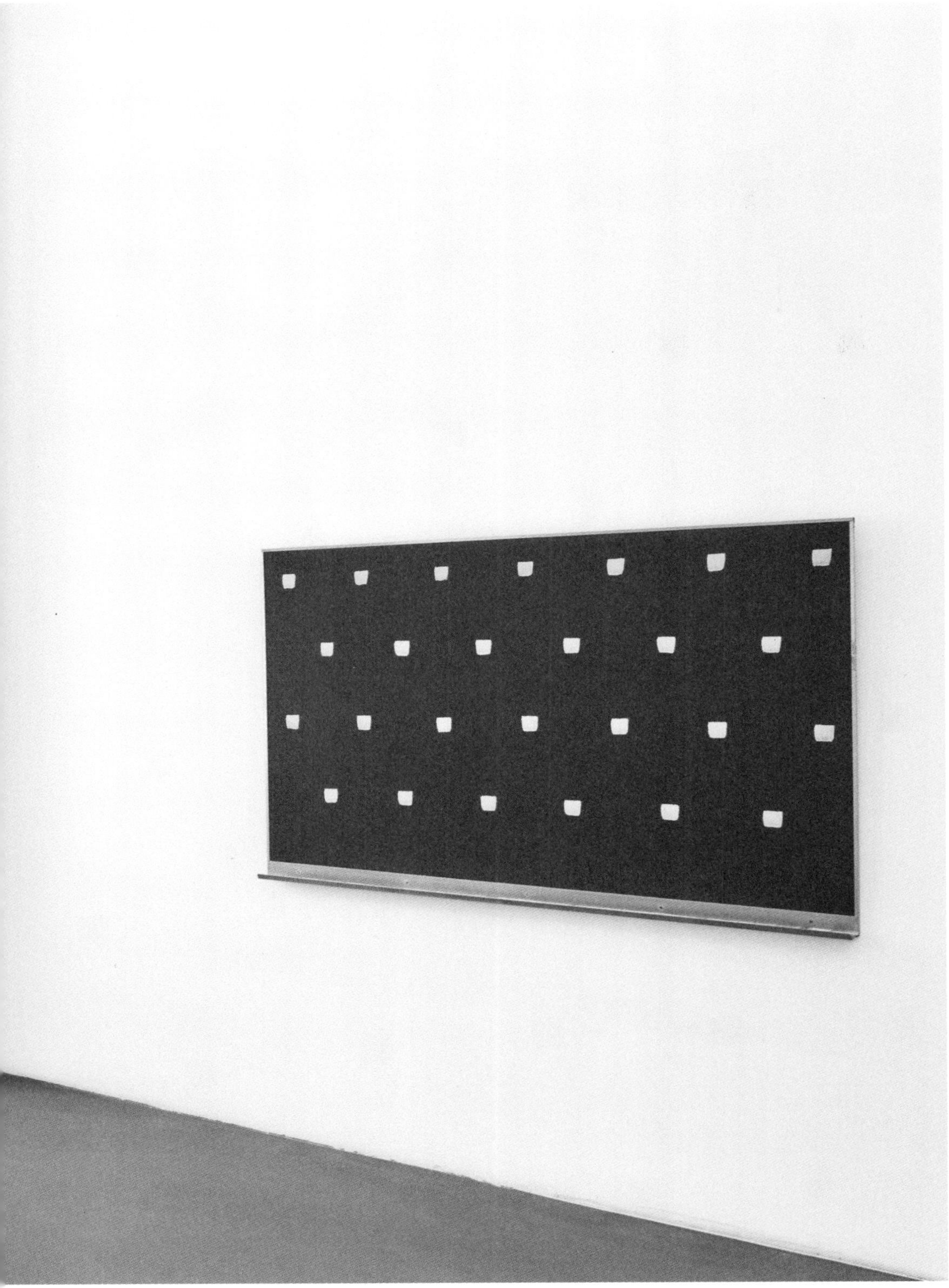

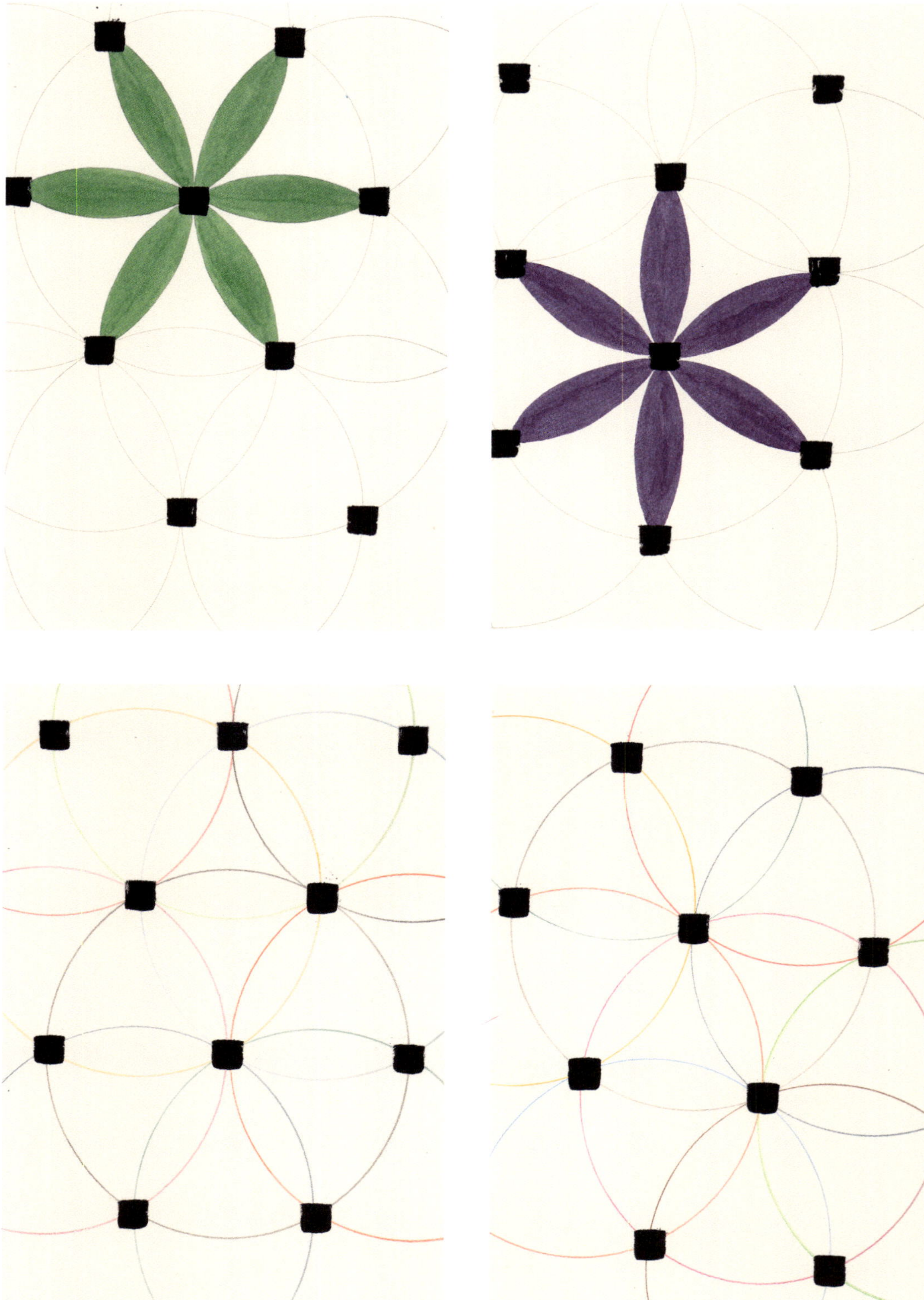

Empreintes de pinceau n° 50 répétées à intervalles réguliers (30 cm), Study for Stained Glass Window, 1995, gouache et crayon de couleur sur papier

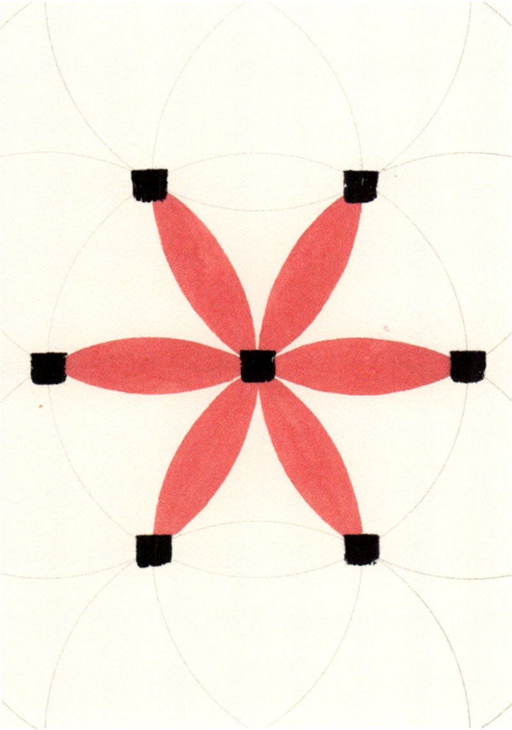
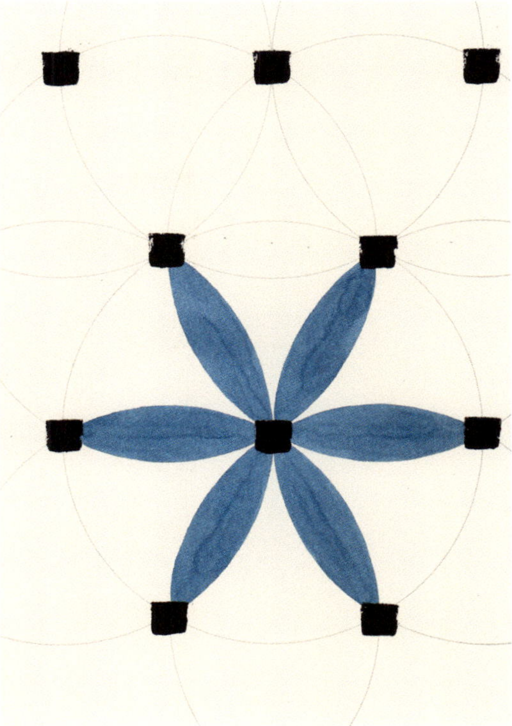
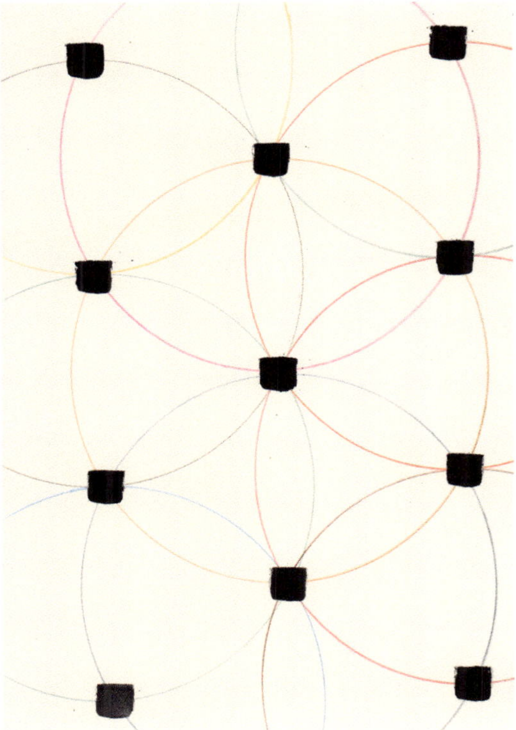
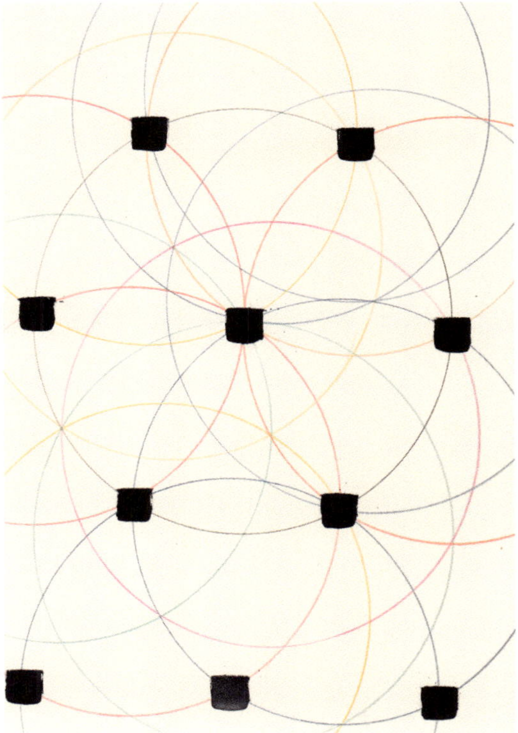

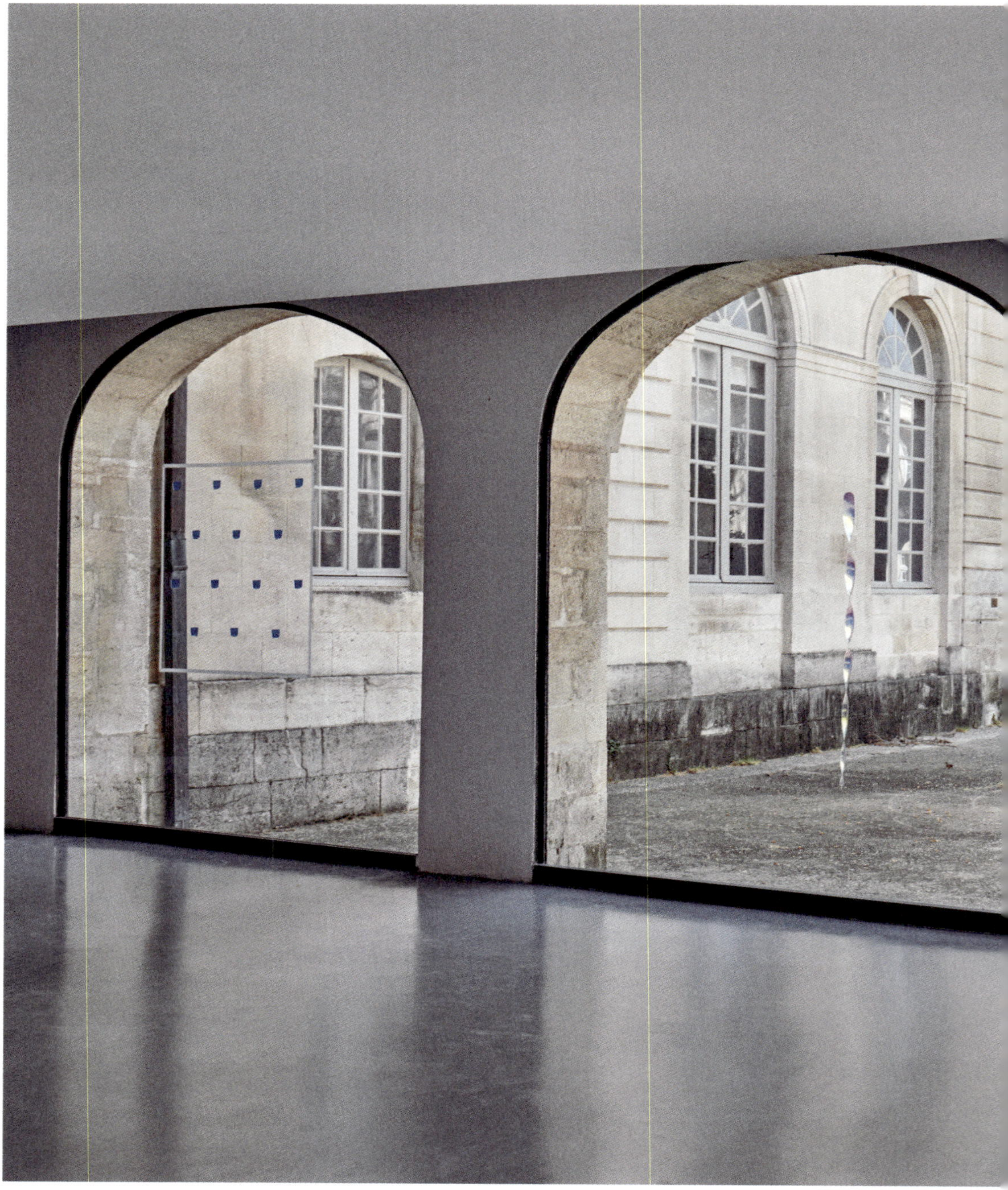

Empreintes de pinceau n° 50 répétées à intervalles réguliers (30 cm), 2000, œuvre réalisée *in situ* dans l'hôtel de Caumont, acrylique et ruban adhésif sur verre
Dans la cour : Mirosław Bałka, *68 x (200 x 8 x 8) Heaven*, 2010, filet et plexiglass (détail)

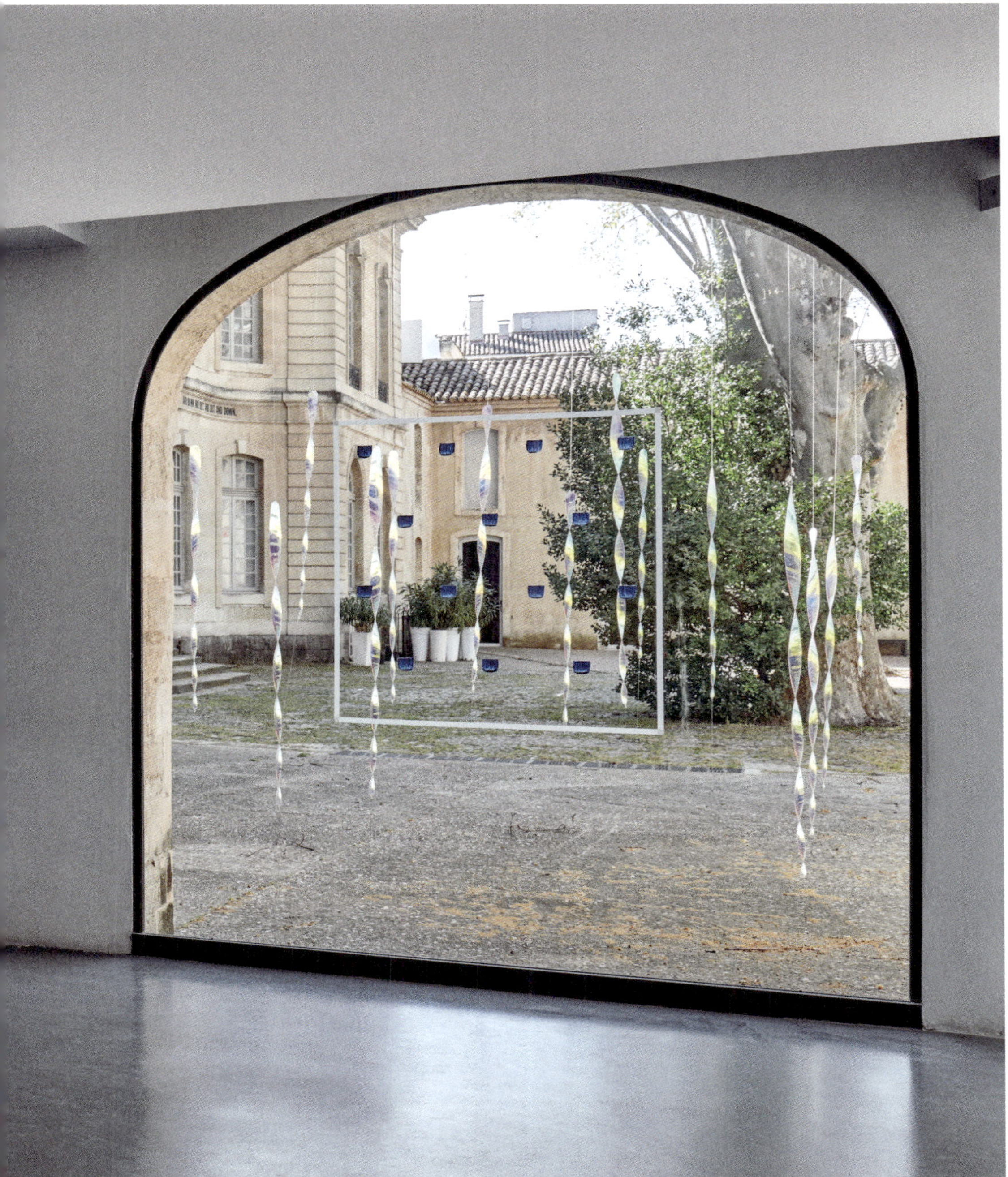

72
73

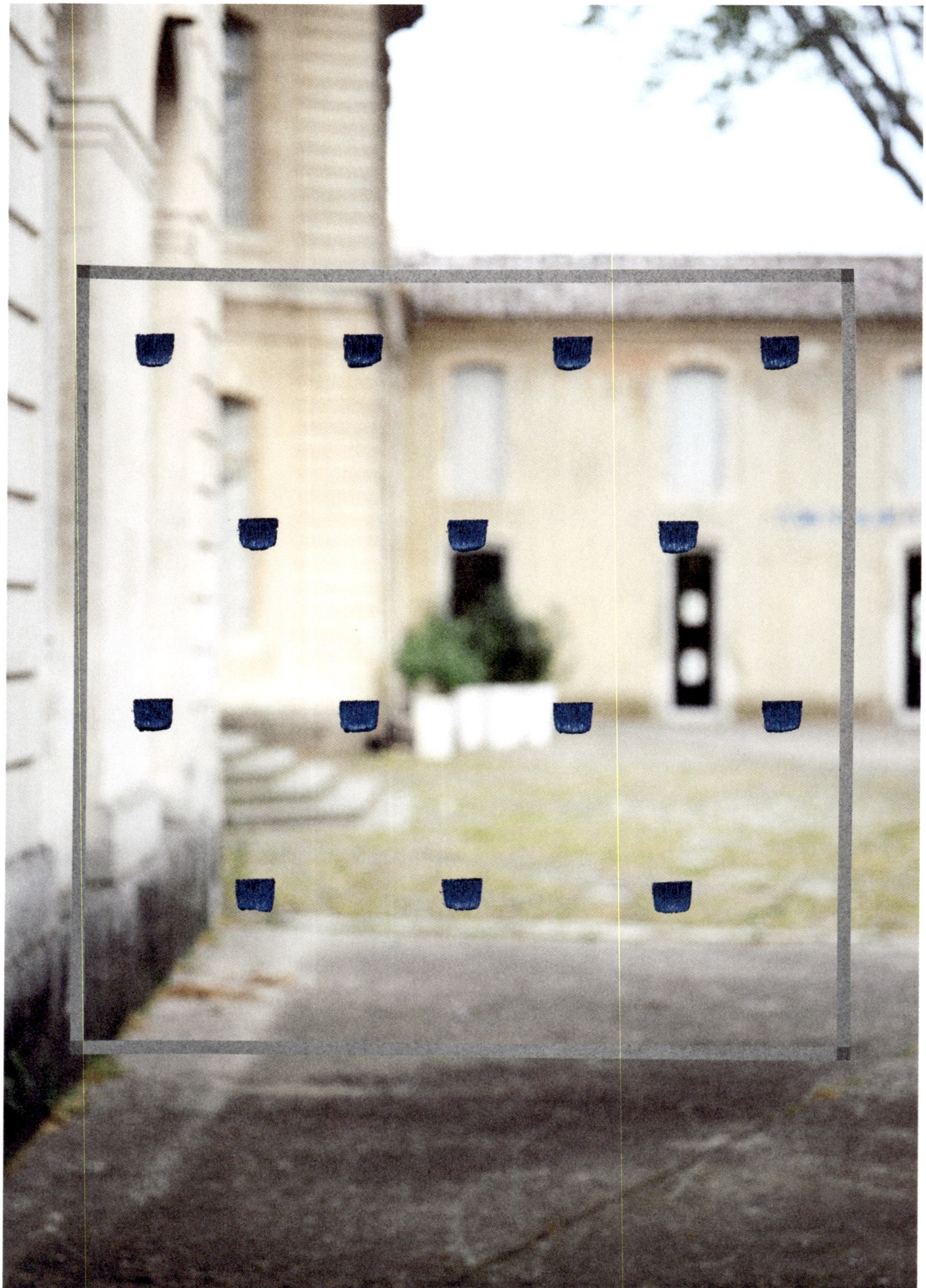

Empreintes de pinceau n° 50 répétées à intervalles réguliers (30 cm), 2000, œuvre réalisée *in situ* dans l'hôtel de Caumont, acrylique et ruban adhésif sur verre (détails)

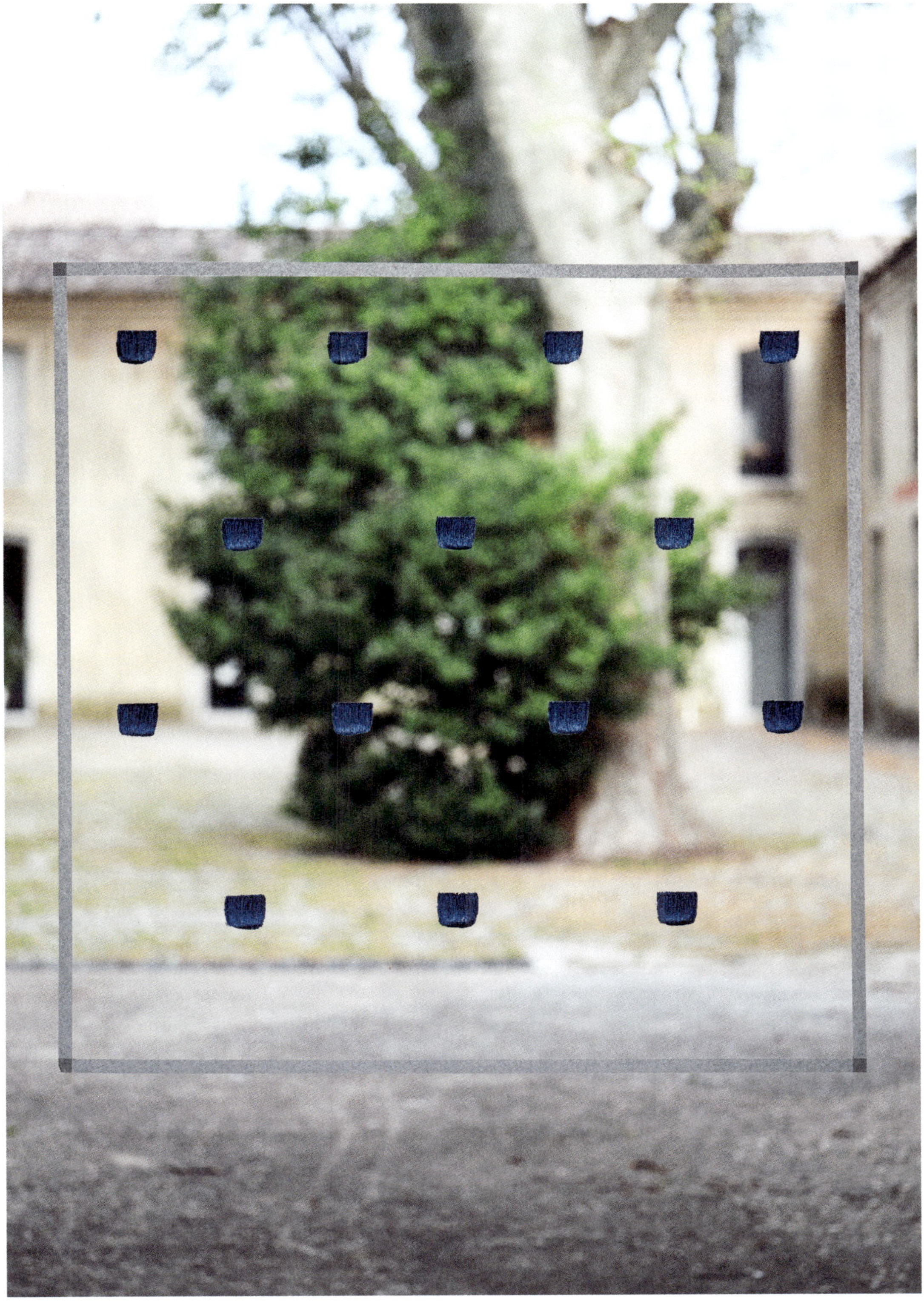

EXPOSITIONS PERSONNELLES DE NIELE TORONI

organisées à la galerie Yvon Lambert, Paris

- 3 mars-10 mars, 21 avril-28 avril, 1er juillet-10 juillet 1970
- 11-30 avril 1972
- "Yvon Lambert - Actualité d'un bilan", 29 octobre-5 décembre 1972 (exposition de groupe/group exhibition)
- 13 novembre-3 décembre 1975
- à partir du 16 juin 1977
- 22 septembre-20 octobre 1979
- "Un mur, une toile", 5-31 mars 1983
- 15 mars-10 avril 1986
- 15 octobre-17 novembre 1988
- 16 mars-11 avril 1991
- "Suites", 4 mai-30 juin 1994
- "Hommage aux hirondelles", 19 avril-31 mai 1997
- 4 novembre-11 décembre 2000
- "En vitrine, en réserve", 23 avril-29 mai 2004
- 27 avril-27 mai 2006
- "Position affichée", 9 janvier-7 février 2010
- 27 avril-30 mai 2013

PRÉSENTATION DES ŒUVRES DE NIELE TORONI

à la Collection Lambert, Avignon

- "Rendez-vous 1", 27 juin-1er octobre 2000
- "Rendez-vous 2", 1er décembre 2000-31 mars 2001
- "Rendez-vous 3", 30 mars-10 juin 2001
- "Collections d'artistes", 1er juillet-30 octobre 2001
- "Rendez-vous 4", 25 janvier-27 avril 2003
- "5 ans. Les œuvres de la Collection Lambert", 25 juin 2005-30 mai 2006
- "J'embrasse pas", 27 octobre 2007-20 janvier 2008
- "Sans titre. Œuvres de la Collection Lambert. Peintures des années 1970-1980", 24 octobre 2009-7 février 2010
- "Je crois aux miracles. 10 ans de la Collection Lambert", 12 décembre 2010-8 mai 2011
- "Les chefs-d'œuvre de la donation Yvon Lambert", 7 juillet-11 novembre 2012
- "Réouverture de la Collection Lambert", 11 juillet-18 octobre 2015
- "Un nouveau regard sur la Collection Lambert", 20 décembre 2015-12 juin 2016
- "J'♥ Avignon. 1998-2017, prêts, dons et acquisitions d'œuvres pour le musée", 3 décembre 2017-20 mai 2018
- "Un art de notre temps #1. Œuvres de la Collection Lambert", 5 novembre 2018-26 mai 2019
- "Un art de notre temps #2. Œuvres de la Collection Lambert", 11 juin 2019-1er mars 2020
- "Avoir 20 ans", 2 juin-15 novembre 2020

QUELQUES EXPOSITIONS MAJEURES DE NIELE TORONI

à travers le monde

- "Manifestation I", 18e Salon de la Jeune Peinture, ARC/Musée d'Art moderne de la Ville de Paris, 1967
- "Empreintes de pinceau n° 50 répétées à intervalles réguliers (30 cm)", Société des expositions du Palais des beaux-arts, Bruxelles, 1975
- Biennale de Venise, 1976
- Van Abbemuseum, Eindhoven, 1977
- Kunsthalle, Berne, 29 avril-28 mai 1978
- "Empreintes de pinceau n° 50 répétées à intervalles réguliers (30 cm)", Centre d'art contemporain, Genève, 1980
- Documenta 7, Cassel, 19 juin-28 septembre 1982
- "Empreintes de pinceau n° 50 répétées à intervalles réguliers (30 cm)", ARC/Musée d'Art moderne de la Ville de Paris, 2 mars-24 avril 1985
- "20 ans d'empreintes", Villa Arson, Nice, 30 avril-14 juin 1987
- Musée de Peinture et de Sculpture de Grenoble, 3 octobre-30 novembre 1987
- Le Consortium, Dijon, 8 juin-11 août 1990
- The Renaissance Society at the University of Chicago, 23 septembre-4 novembre 1990
- Biennale de São Paulo, 21 septembre-10 décembre 1991
- Musée national d'Art moderne-Centre Georges Pompidou, Paris, 9 octobre 1991-5 janvier 1992
- Documenta 9, Cassel, 13 juin-20 septembre 1992
- "Niele Toroni Interventions", Stedelijk Museum, Amsterdam, 1994
- CAPC musée d'Art contemporain de Bordeaux, 31 octobre 1997-11 janvier 1998
- "Niele Toroni. Histoires de peinture", ARC/musée d'Art moderne de la Ville de Paris, 6 avril-16 septembre 2001
- Marian Goodman Gallery, New York, 10 septembre-11 octobre 2003
- "Arte in Ticino", Museo Belle Arti, Lugano, 2005
- Swiss Institute, New York, 3 juin-6 septembre 2015
- Musée d'Art moderne de la Ville de Paris, 24 septembre 2015-10 janvier 2016
- A Arte Invernizzi, Milan, 21 février-29 avril 2019
- "Niele Toroni : un tout de différences", Galerie Marian Goodman, Paris, 16 mai-25 juillet 2020

LISTE DES ŒUVRES DE NIELE TORONI

en dépôt à la Collection Lambert

Empreintes de pinceau n° 50 répétées à intervalles réguliers (30 cm), 1967, acrylique sur toile/acrylic on canvas, 200 × 200 cm, FNAC 2013-0020, donation Yvon Lambert à l'État français/Centre national des arts plastiques/Dépôt à la Collection Lambert, Avignon

Empreintes de pinceau n° 50 répétées à intervalles réguliers (30 cm), 1967, peinture glycérophtalique sur toile apprêtée/glycerophtalic paint on primed canvas, 105 × 105 cm, collection privée/Dépôt à la Collection Lambert, Avignon

Empreintes de pinceau n° 50 répétées à intervalles réguliers (30 cm), 1967, peinture glycérophtalique sur toile/glycerophtalic paint on canvas, 248 × 198 cm, collection privée/Dépôt à la Collection Lambert, Avignon

Empreintes de pinceau n° 50 répétées à intervalles réguliers (30 cm), avril 1970, peinture sur toile cirée/painting on waxed canvas, 154 × 135,5 cm, FNAC 2013-0021, donation Yvon Lambert à l'État français/Centre national des arts plastiques/Dépôt à la Collection Lambert, Avignon

Empreintes de pinceau n° 50 répétées à intervalles réguliers (30 cm), 1974, peinture sur toile libre/painting on free canvas, 196 × 333,2 cm, FNAC 2013-0022, donation Yvon Lambert à l'État français/Centre national des arts plastiques/Dépôt à la Collection Lambert, Avignon

Empreintes de pinceau n° 50 répétées à intervalles réguliers (30 cm), 1975, peinture sur toile libre/painting on free canvas, 198 × 417 cm, FNAC 2013-0023, donation Yvon Lambert à l'État français/Centre national des arts plastiques/Dépôt à la Collection Lambert, Avignon

Empreintes de pinceau n° 50 répétées à intervalles réguliers (30 cm), 1983, peinture glycérophtalique sur toile cirée/glycerophtalic paint on waxed canvas, 199 × 139 cm, collection privée/Dépôt à la Collection Lambert, Avignon

Empreintes de pinceau n° 50 répétées à intervalles réguliers (30 cm), 1984, peinture sur papier calque/painting on tracing paper, 391,5 × 143,5 cm, FNAC 2013-0024, donation Yvon Lambert à l'État français/Centre national des arts plastiques/Dépôt à la Collection Lambert, Avignon

Empreintes de pinceau n° 50 répétées à intervalles réguliers (30 cm), 1990, peinture sur papier calque/painting on tracing paper, 2 éléments/2 elements, 155,7 × 37,4 cm et 205,5 × 37,4 cm, FNAC 2013-0025 (1 et 2), donation Yvon Lambert à l'État français/Centre national des arts plastiques/Dépôt à la Collection Lambert, Avignon

Empreintes de pinceau n° 50 répétées à intervalles réguliers (30 cm), Study for Stained Glass Window, 1995, gouache et crayon de couleur sur papier/gouache and coloured pencil on paper, 8 éléments/8 elements, 107,5 × 77,3 cm chaque/each, collection privée/Dépôt à la Collection, Lambert, Avignon

Empreintes de pinceau n° 50 répétées à intervalles réguliers (30 cm), 1997, peinture sur bois/painting on wood, 3 éléments/3 elements, Ø 53 cm chaque/each, collection privée/Dépôt à la Collection Lambert, Avignon

Empreintes de pinceau n° 50 répétées à intervalles réguliers (30 cm), 1997, peinture sur bois/painting on wood, 6 éléments/6 elements, Ø 53 cm chaque/each, collection privée/Dépôt à la Collection Lambert, Avignon

Empreintes de pinceau n° 50 répétées à intervalles réguliers (30 cm), 2000, œuvre réalisée *in situ* dans l'hôtel de Caumont/work created in situ in hôtel de Caumont, acrylique et ruban adhésif sur verre/acrylic and adhesive tape on glass, 2 éléments/2 elements, 114,5 × 115 cm et 114,5 × 114 cm, FNAC 2013-0026 (1 et 2), donation Yvon Lambert à l'État français/Centre national des arts plastiques/Dépôt à la Collection Lambert, Avignon

Empreintes de pinceau n° 50 répétées à intervalles réguliers (30 cm), 2000, œuvre réalisée *in situ* dans l'hôtel de Caumont/work created in situ in hôtel de Caumont, acrylique sur mur/acrylic on wall, 2 éléments/2 elements, 482,2 × 272 cm et 483,5 × 232 cm, FNAC 2013-0027 (1 et 2), donation Yvon Lambert à l'État français/Centre national des arts plastiques/Dépôt à la Collection Lambert, Avignon

Empreintes de pinceau n° 50 répétées à intervalles réguliers (30 cm), 2000, œuvre réalisée au Clos des Trams à Avignon à l'occasion de "La Beauté in Fabula" en 2000/work created at Clos des Trams in Avignon for the "La Beauté in Fabula" exhibition in 2000, peinture sur papier imprimé/painting on print paper, 91,5 × 86 cm, collection privée/Dépôt à la Collection Lambert, Avignon

Toroni au tableau !, 2012, acrylique sur tableau d'écolier/acrylic on school board, 121 × 200 × 9 cm, collection privée/Dépôt à la Collection Lambert, Avignon

Remerciements

Roselyne Bachelot-Narquin,
ministre de la Culture

Cécile Helle,
maire d'Avignon

Bénédicte Lefeuvre,
directrice régionale des Affaires culturelles de Provence-Alpes-Côte d'Azur

Renaud Muselier,
président de la Région Sud Provence-Alpes-Côte d'Azur

Béatrice Salmon,
directrice du Centre national des arts plastiques

Laurent Bourgois et l'Association des amis de la Collection Lambert, Avignon

La Collection Lambert remercie tout particulièrement Niele Toroni, Yvon Lambert et Ève Lambert

Crédits

ACTES SUD

Éditrice
Aude Gros de Beler

Traduction
Maggie Montanaro

Conception graphique
Christel Fontes

Fabrication
Sophie Guyader

Photogravure
Christophe Girard

COLLECTION LAMBERT

Directeur d'ouvrage
Stéphane Ibars

Coordination éditoriale et mise en pages
Aude Marquet

ISBN : 978-2-330-14732-7

www.actes-sud.fr

Ouvrage reproduit et achevé d'imprimer en mai 2021 par l'imprimerie Geers, Belgique, pour le compte des éditions Actes Sud, Le Méjan, place Nina-Berberova, 13200 Arles.

Dépôt légal 1re édition : juin 2021

Page suivante : *Empreintes de pinceau n° 50 répétées à intervalles réguliers (30 cm)*, 1967, peinture glycérophtalique sur toile (détail)